长三角体育产业结构布局
及区域协同发展的策略选择

童莹娟　郭子杰　胡佳澍　著

九州出版社
JIUZHOUPRESS

图书在版编目（CIP）数据

长三角体育产业结构布局及区域协同发展的策略选择 /
童莹娟，郭子杰，胡佳澍著 . -- 北京：九州出版社，
2019.8

ISBN 978-7-5108-8219-7

Ⅰ . ①长… Ⅱ . ①童… ②郭… ③胡… Ⅲ . ①长江三
角洲 – 体育产业 – 产业发展 – 研究 Ⅳ . ① G812

中国版本图书馆 CIP 数据核字（2019）第 166326 号

长三角体育产业结构布局及区域协同发展的策略选择

作　　者	童莹娟　郭子杰　胡佳澍　著
出版发行	九州出版社
地　　址	北京市西城区阜外大街甲 35 号（100037）
发行电话	（010）68992190/3/5/6
网　　址	www.jiuzhoupress.com
电子信箱	jiuzhou@jiuzhoupress.com
印　　刷	北京亚吉飞数码科技有限公司
开　　本	787 毫米 ×1092 毫米　16 开
印　　张	11
字　　数	197 千字
版　　次	2020 年 3 月第 1 版
印　　次	2020 年 3 月第 1 次印刷
书　　号	ISBN 978-7-5108-8219-7
定　　价	60.00 元

前　言

体育产业的研究于 20 世纪 70 年代初伴随着体育本源部分的资源利用程度的提升而逐渐展开。从微观的角度对体育赛事的社会交换所呈现的经济现象研讨体育资源的形态、体育消费行为以及体育市场快速扩张的约束水平,继而转入各类资源配置方式与效益、自然资源禀赋的区位价值、市场营销策划等方面的研究。之后众多的学者注重以宏观经济学的视角对体育产业的发展方式、社会经济地位以及与其他产业的关联等问题进行了大量的研究。国内体育产业的研究借鉴并融合经济学、社会学、管理学等学科领域的理论和方法展开,研究方法也渐趋多元,更多关注热点和重点问题。国内早期的体育产业研究热点主要集中在体育产业概念及内涵、体育与经济的关系、体育产业在国民经济中的作用等基础理论或宏观领域;中期的研究热点比较集中于中观领域,如职业体育市场开发、体育消费现状的调查与研究、体育场馆经营管理研究、奥运经济、体育赛事研究等领域;当前体育产业研究主要聚焦体育产业政策、区域体育产业发展、体育场馆运营管理、职业体育发展等问题。

区域体育产业的发展基于区域的生产要素(即劳动力、资金和自然资源禀赋等)方面的比较优势。美国的迈克尔·波特从区域内生能力提出竞争优势理论,该理论指出,一个国家和地区之所以具有贸易和分工等方面的优势是因为具有高生产效率,而高生产效率不仅来自要素禀赋或技术差异,更是来自生产要素、国内需求、相关产业和支撑产业、企业战略结果与竞争,以及机会和政府等一系列因素的共同作用。区域产业的发展,只有根植于当地有利于创新的社会和文化环境中,才能有效地对区域内各种要素(资源禀赋、区位条件、社会环境等)进行整合和创新,从而形成强大的、持续的竞争优势。随着经济全球化、区域一体化的不断深入,许多国家和地区都把如何统筹区域经济协调、加强区域经济合作提高到国家和地区的重大问题来对待,而区域间产业协调发展则是区域经济合作、实现区域一体化发展的重点。区域一体化是一个需要高度协调的复杂过程,而一体化的程度直接决定着区域的整体竞争力。

长三角位处东亚地理中心和西太平洋的东亚航线要冲,是长江经济带与"一带一路"的重要交汇地带,不仅拥有气候温和、物产丰富的优良自然禀赋,而且拥有便利的交通条件、完备的产业体系以及丰富的科教资源等突出的区位优势及强劲的综合实力。2008年《关于进一步推进长江三角洲地区改革开放和经济社会发展的指导意见》把"长三角一体化"的学术概念正式上升到国家层面的战略决策,提出了加快调整产业结构,构建具有国际竞争力的区域创新体系,积极推进重大基础设施一体化建设,推进教育、卫生、文化、体育等社会事业发展等要求。国务院发布的《长江三角洲城市群发展规划》中,明确提出了长三角城市群建设发展的两大目标。中期目标为:至2020年,基本形成经济充满活力、高端人才汇聚、创新能力跃升、空间利用集约高效的世界级城市群框架,人口和经济密度进一步提高,在全国2.2%的国土空间上集聚11.8%的人口和21%的地区生产总值;远期目标为:至2030年,长三角城市群配置全球资源的枢纽作用更加凸显,服务全国、辐射亚太的门户地位更加巩固,在全球价值链和产业分工体系中的位置大幅跃升,国际竞争力和影响力显著增强,全面建成全球一流品质的世界级城市群。长三角地区正积极打造成为"最具经济活力的资源配置中心、具有全球影响力的科技创新高地以及全球重要的现代服务业和先进制造业中心"。长三角地区一体化进程一直走在全国区域一体化前列,有良好的发展基础,不同层面的区域合作机制在逐步建立和运转。

长三角地区体育产业发展起步较早,发展速度较快,已成为我国体育产业最为发达的区域,体育产业总量约占全国的30%。长三角地区体育产业的发展状况在一定程度上也是我国体育产业发展的风向标。近年来,长三角地区推进体育产业一体化进程,明确提出了两个世界级的目标,打造世界级体育资源配置平台,打造具有全球竞争力的世界级城市群,基本形成"赛事联通、休闲互动、理念共商、平台共建、品牌共用、服务共享"的长三角地区体育产业协同发展新局面,推动体育产业成为长三角经济转型升级的重要力量。区域协调发展的核心是区域内各地区体育产业的协同发展,区域内部的相互协同运作是区域体育产业持续保持稳定发展的重要支撑。加快推进体育产业结构转型尤其是体育服务业的发展可以促进区域体育产业实现高质量发展,也有助于体育产业区域协同发展目标的实现。但是,就长三角地区体育产业发展事实而言,两省一市存在着产业结构相似、产业同构、产业发展质量不高和产业发展规划高度相似等问题。体育产业结构的趋同和不高的质量使区域内各地区难以充分发挥其比较优势,生产要素的分散降低了地区的整体体育产业的效益,也阻碍了资源和要素的流动，不利于一体化建设。区域内体育产业布局的雷同现象，还会造成各地区之间只产生横向的合作关系，而非纵向的上中下游产业链关系，产业间缺乏有机联系，会致使地区间不能形成有效的经济、技术联系以及合理的分工合作关系。而体育产业的发展必须在强调本土特色的同时，深化产业分工、优化产业结构、延伸产业链条，在区域内部形成联系紧密的体育产业体系，构建产业共链、风险共担、利益共沾的"经济共同体"和"利益共同体"，从而实现长三角地区体育产业的发展目标。体育产业区域协同发展是根据长三角体育产业的发展状况制定区域发展战略的需要，通过调整产业布局、产业结构和有效配置资源，扩大产业供给能力，提升产业高度和促进生产效率提升，同时通过制度安排弥补市场失灵，提高区域体育产业竞争力的战略性选择。长三角区域内客观地存在着经济发展和社会进步非均衡的现实，同时针对当前长三角区域体育产业发展研究中的命题，且又关系到该地区体育产业布局、主导产业选择、区域协同发展的问题，如何从长三角的现实和未来发展视角合理构画体育产业结构的空间布局，如何有效地促进长三角区域的协同发展从而促进体育产业发展，已然成为区域体育产业发展的重要研究内容。

经过四年的努力完成了研究任务，在研究过程中，刘玉洁、郭子杰、张钰晨等研究生参与了调研、资料整理、归纳等相关工作。在本书的撰写过程中，我们参考了大量国内外研究者的成果，并尽可能地予以注释和说明，在此表示感谢。限于作者的水平，书中难免存在这样或那样的错误和不足，恳请同仁们提出建议，共同为我国体育产业的发展提供研究支持。

童莹娟

2019 年 3 月 28 日

目　录

1　绪　论 ……………………………………………………… 1

　　1.1　研究背景 ……………………………………………… 1

　　1.2　研究目的及意义 ……………………………………… 4

　　1.3　国内外研究现状 ……………………………………… 5

　　1.4　研究思路与研究方法 ………………………………… 19

2　区域体育产业协同发展的相关概念及基础理论 …………… 23

　　2.1　相关概念界定 ………………………………………… 23

　　2.2　理论基础 ……………………………………………… 26

3　长三角体育产业区域协同发展的基础分析 ………………… 40

　　3.1　长三角体育产业的发展环境 ………………………… 40

　　3.2　长三角体育产业的发展特征 ………………………… 62

4　长三角体育产业主导产业选择及行业结构布局 …………… 80

　　4.1　长三角体育产业结构分析 …………………………… 80

　　4.2　长三角体育主导产业选择 …………………………… 84

　　4.3　长三角体育产业行业结构布局方式 ………………… 86

　　4.4　长三角体育产业布局政策 …………………………… 87

5　长三角体育产业区域协同发展的问题及成因 ……………… 98

　　5.1　长三角体育产业区域协同发展的问题 ……………… 98

　　5.2　长三角体育产业区域协同发展的阻碍要素 ………… 99

　　5.3　阻碍长三角体育产业区域协同发展的成因 ………… 102

6　长三角体育产业的区域协同发展路径研究 ………………… 115

　　6.1　长三角体育产业区域协同发展机理分析 …………… 115

　　6.2　长三角体育产业区域协同发展的分析框架 ………… 118

　　6.3　长三角体育产业区域协同发展路径选择 …………… 127

7 长三角体育产业区域协同发展的策略分析 ················ 138

    7.1 长三角体育产业区域协同发展策略制定的思路及原则 ··· 138

    7.2 长三角体育产业区域协同发展策略 ················ 141

8 主要结论 ···························· 148

参考文献 ···························· 150

图表目录

表 3-1 政府文件中涉及体育产业发展的部分具体内容摘录

表 3-2 2015—2017 年全国及长三角地区的经济发展水平

表 3-3 长三角城市规模

表 3-4 2015 年长三角地区部分最佳商业城市排行榜

表 3-5 2017 年长三角地区部分最佳商业城市排行榜

表 3-6 2016 年长三角地区各城市三次产业增加值

表 3-7 2015 年长三角地区细分行业的区位熵

表 3-8 长三角及全国体育产业增加值情况

表 3-9 长三角及全国体育产业的贡献率

表 3-10 上海市 2010 年、2015 年体育产业总产出及增加值

表 3-11 上海市 2010 年、2015 年体育产业增加值及占比情况

表 3-12 2010 年、2012 年江苏省及各地级市的体育产业情况

表 3-13 2006—2014 年浙江省体育产业整体规模分析

表 3-14 2006—2014 年各子行业占全省体育产业增加值的比重情况

表 4-1 长三角体育产业结构 Shift-share 分析表

表 4-2 长三角体育产业结构总体效果表

表 4-3 长三角体育产业各行业综合分析表

表 5-1 合作策略收益矩阵

表 5-2 不合作策略收益矩阵

表 5-3 良性竞争策略收益矩阵

表 5-4 不良竞争策略收益矩阵

图 1-1 研究技术路线图

图 1-2 内容框架图

图 3-1 2016 年长三角地区各城市及全国三次产业结构对比

图 3-2 江苏省各地级市体育产业的经济贡献率

图 3-3 浙江省 2006—2014 年体育产业占地区生产总值情况

图 4-1 长三角体育产业布局方式图

图 6-1 体育产业区域协同发展机理

图 6-2 体育产业区域协同发展各主体间的关系

图 6-3 体育产业区域协同发展分析框架

图 6-4 体育产业区域协同发展模型

1 绪 论

1.1 研究背景

1.1.1 长三角区域一体化的现实

在经济全球化、区域一体化的大背景下，许多国家和地区都把如何统筹区域经济协调、加强区域经济合作提高到国家和地区的重大问题来对待，把区域经济合作发展当作一项重要国策给予特别的重视，而区域产业协调发展则是区域经济合作、实现区域一体化发展的重点。2008年国务院审议通过《关于进一步推进长江三角洲地区改革开放和经济社会发展的指导意见》，把"长三角一体化"的学术概念正式上升到国家层面的战略决策，提出了加快调整产业结构，构建具有国际竞争力的区域创新体系，积极推进重大基础设施一体化建设，推进教育、卫生、文化、体育等社会事业发展等要求。区域经济一体化是区域协同发展的最高级形式，是区域间分工合作、有序竞争。相关资料显示，当前超越行政区划的跨区域合作，在更大的范围内整合或配置资源，增强地区间在基础设施、关键产业、人力资源、金融服务、制度建设等领域的合作，推进区域合理分工和经济一体化已然成为区域发展的重点。

"长三角"地区一体化进程一直走在全国区域一体化前列。长三角指长江三角洲区域的26个城市，其中16个核心城市为上海、南京、苏州、无锡、常州、镇江、扬州、南通、泰州、杭州、宁波、绍兴、嘉兴、湖州、舟山、台州。长江三角洲区域一体化已具备了相对成熟的条件，并有了良好的基础和发展，不同层面的区域合作机制在逐步建立和运转。区域一体化是一个需要高度协调的复杂过程，而一体化的程度直接决定着区域的整体竞争力。适应国际国内环境条件的新变化，进一步加强区域经济整合，是长江三角洲地区区域合作与发展的一个十分迫切的战略性任务。2016

年上海市、江苏省和浙江省统计年鉴数据显示：上海市生产总值（GDP）28178.65亿元，较上年增长6.9%，人均地区生产总值116562元；江苏省生产总值达77388.28亿元，较上年增长7.8%，人均地区生产总值为96887元；浙江省GDP达47251.36亿元，较上年增长7.6%，人均GDP为84916元。长三角区域中16城市GDP占全国GDP比重的17.37%，人口占全国总人口的7.63%。①长三角地区已形成良好的产业结构体系，集聚效应开始显现，对加快体育产业的发展有积极的推动力和示范作用。在区域合作优势方面，长三角区域合作项目已涉及交通、科技、人才、信息、旅游、会展等多个领域，并逐步联手进行政策法规、产业规划、金融服务等高层次的合作与发展，在其他领域的合作为长三角地区体育产业协调发展提供了借鉴依据。

1.1.2 大力发展体育产业的政策驱动

我国体育产业于20世纪90年代开始初步发展，与发达国家的体育产业相比较还处于产业发展的幼稚期。虽然体育产业增加值增长速度较快，但是在国民经济中的贡献率极低。从理论上来讲，体育产业属于新兴的朝阳产业，当社会经济文化水平发展到一定程度，带动大众体育、休闲体育兴起时，体育产业中蕴藏的巨大商机会得以发掘。国务院、国家体育总局为推动体育产业的发展出台了相关意见、规划。《关于加快发展体育产业的指导意见》中明确指出："加强对体育产业发展的区域布局，根据不同地区的比较优势和经济社会发展的实际情况，合理规划，促进形成体育产业发展的聚集区、示范区和城市发展功能区，协调不同地区的体育产业发展。"国务院印发了《关于加快发展体育产业促进体育消费的若干意见》，部署推动体育产业成为经济转型升级的重要力量，把体育产业作为绿色产业、朝阳产业进行扶持，要求各地要将发展体育产业、促进体育消费纳入国民经济和社会发展规划，纳入政府重要议事日程，建立多部门工作协调机制。《意见》明确提出要"建立区域间协同发展机制，壮大长三角、珠三角、京津冀及海峡西岸等体育产业集群，打造一批国家级体育产业基地"。《体育产业发展"十三五"规划》中明确了"加快区域体育产业协调发展"的任务，并提出"积极推动以环渤海、长三角、珠三角为代表的沿海发达地区将体育产业培育成为地区支柱性产业"的具体发展策略。

---

① 依据《上海市统计年鉴》《江苏省统计年鉴》《浙江省统计年鉴》的相关数据整理而成。

长三角两省一市分别出台了《上海市体育产业发展实施方案（2016—2020年）》《江苏"十三五"体育产业发展规划》《浙江省体育产业发展"十三五"规划》，规划和意见为长三角体育产业的发展进行了全局性的谋划，在充分分析区域资源优势的基础上给出发展规划，以协调各体育生产部门之间的关系和体育经济部门与其他产业部门的关系，从而促进体育产业发展，实现区域体育经济的可持续发展。

1.1.3 长三角地区体育产业合作协议的签订与实行

区域经济的协同发展是一种联系紧密、联系成本低、整合效益显著的过程与方式，其基本前提是要求大区域内的区际地理位置相邻或相互接近，交通运输等条件良好，经济发展互补性强，资源、市场及其他要素的整合空间与效益大等。在经济全球化和市场一体化进程加快的背景下，长三角凭借其集聚效应、规模经济和竞争优势已然成为最具发展活力的地区之一，成为经济发展的核心区、增长极，促使经济结构、产业结构的调整、转型、升级，产业发展潜力不断释放，而发展体育产业显然顺应经济结构与产业结构调整、转型、升级的需要，由此可见，长三角地区体育产业加强合作的内在要求日益迫切。2012年11月24日上海召开的长三角地区体育产业工作座谈会，为推进长江三角洲地区体育产业科学发展、率先发展和一体化发展，其间共同发起建立"长江三角洲地区体育产业发展联席会议制度"，拟通过专业协调组织加强长三角区域内体育产业的多方位合作，从而推进长三角体育产业一体化发展进程，提高长三角地区体育产业的市场竞争力。2013年11月10日两省一市正式签订了《长三角地区体育产业协作协议》，明确了协作宗旨与协作原则，确定了"十二五"期间两省一市体育局共同推进区域产业规划衔接和联动发展、拓展区域体育产业市场、建立互惠互联互通的合作机制、构建体育产业创新政策体系、推进公共服务平台建设、规范长三角体育市场有序发展等协作内容。随着《长三角地区体育产业协作协议》的签订和实行，长三角体育产业区域发展进程将进一步加快，为本研究的展开提供现实依据。

1.1.4 长三角地区体育产业发展的事实

国内经济发展的区域不平衡性使得不同层次的区域间对体育市场的认识、体育消费的观念以及体育消费结构等方面产生一定差异，进一步导致体育产业在不同区域的开发程度有所差异。由于我国区域发展不平衡的现状,体育产业发展较好的区域主要在经济相对发达的东南部区域,长三角地区是我国体育产业起步较早、发展较快的区域,同时也是目前全国体育产业最为发达的区域之一。相关资料表明,长三角地区的体育产业增加值总量占全国体育产业的30%,该地区在全国体育产业的发展中处于领先地位。体育产业增加值在两省一市的经济地位也开始逐步显现,其占地区生产总值的比重在逐年增长。产业结构是影响经济发展的重要因素,是产业发展水平的重要标志,产业结构向服务业转移已经成为一个普遍特征和发展规律,美国、英国、法国、德国、日本等发达国家体育服务业在体育产业中所占比重均超过60%,其中美国和英国体育服务业所占比重甚至超过80%。长三角两省一市体育产业结构的差异较为明显,上海市体育产业结构趋于合理,但是浙江、江苏两地的体育产业结构趋同,且不合理,体育服务业在体育产业中所占比重较小,与发达国家相比差距较为明显。

1.2　研究目的及意义

随着经济全球化和区域一体化的不断深入,协调成为区域发展中最为关键的因素,区域协调发展是社会进步的重要标志,也是一个国家和地区社会经济发展的重要战略。长三角区域的协调发展可以通过产业结构的地区协调来实现。长三角体育产业的发展必须在再生产过程中经常注意保持各部门、各环节之间的内在联系和比例关系,通过区域与区域之间、各个部门和行业之间、每个部门和行业内部各环节之间、同类产品生产的各部门和行业之间等内在的联系和比例关系协调发展,以促进整个区域体育产业的协调发展。本研究对推动长三角区域间体育产业及相关产业的合理布局和协调发展,加快形成区域内体育资源优势互补、合理布局具有重要意义,且对国内其他区域体育产业的发展以及促进体育产业整体发展、提升影响力和竞争实力也具有十分重要的意义。

本研究的理论意义:借鉴国内外关于区域经济的相关研究成果,运用区际产业互补整合理论的基本原理和方法,构建理论分析框架并进行实证研究,从理论上拓宽跨行政区域体育产业发展的学术研究,为谋划长江三角洲区域体育产业的发展、区域竞争优势的提升提供学理依据。

本研究的现实意义:从体育产业的发展阶段来看,体育产业结构布局、区域协调虽属于非直接性生产要素,但实践经验证明其在体育产业尤其在区域体育产业发展中起重要作用。本研究选择体育产业区域协调发展这一命题源于长三角体育产业发展的现阶段目标以及制定区域发展战略的需要,可以为长三角体育产业发展和体育产业发展纲要制定提供依据。

1.3　国内外研究现状

1.3.1 关于体育产业概念的研究

"体育产业"这个名词在政府报告、学术文献、新闻传媒等载体中时常出现,但关于体育产业的界说有很多种,其中有一些表述相对而言并不合理,为此,有必要对体育产业的概念进行界定,以便为后期的研究奠定理论基础。

国外众多学者对体育产业的理解为:体育消费从根本上决定了体育产业。有什么样的体育消费就会形成什么样的体育市场,而体育市场上的主客体就构成了体育产业。韩国学者朴英玉提出:"所谓体育产业就是指与体育活动和消费有关的商品和服务的生产和销售。"美国学者埃尔菲·迈克认为,体育产业主要包括几个部分:"一是参与性的体育娱乐活动和消费;二是体育产品和服务,如体育维护组织、协会、律师事务所和市场营销组织等。"日本早稻田大学宫内孝典指出:"体育产业包括硬件和软件两个部分,软件包括体育用品、信息和运动定向服务,硬件包括体育制造者和体育领域的供给者。"[①] 英国经济学家阿伦·费希尔在20世纪30年代提出了被世界大多数国家采用的"三次产业分类法",据此形成了国民生产总值的统计方法。持这种观点是严格把体育产业界定在体育运动本身能够向社会提供服务的范围内。[②] 有些专家[③]从赢利的角度来定义体育产业,他们认为体育产业就是指体育事业中既可以进入市场,又可以赢利的那一部分,这是一种从经营经济学和市场学的角度对体育产业所做的界定。其主要理由是,任何产业都是市场中真实存在的商品货币关系,没有市场的产业是不存在的。

---

① 转引自:鲍晓明.体育产业——新的经济增长点[M].北京:人民体育出版社,2000.
② 转引自:郭炳德.体育产业概念理解及分类的研究[J].山西师大体育学院学报,2004,19(2):19-20.
③ 转引自:郭炳德.体育产业概念理解及分类的研究[J].山西师大体育学院学报,2004,19(2):19-20

　　国内关于体育产业概念的研究，有"体育事业说""体育事业盈利说"及"广义体育产业说""狭义体育产业说"等不同的观点。赵炳璞等学者[①]认为体育产业就是体育事业中可以进入市场并可以获得经济效益的那部分活动的总和，也就是体育事业中盈利的那一部分。这种观点主要依据市场经济学理论，确定一个行业是否属于产业，首先要看是否有投入和产出，其次是看产品要不要进入市场交换。可见任何产业都是市场中真实存在的商品货币关系，没有市场就没有体育产业。此观点是体育产业在一定时期或发展阶段的一种表现。国内部分学者[②③④⑤]认为体育产业由体育物质产品与体育服务产品的生产和经营两部分组成，不仅包括健身娱乐、竞赛表演、咨询培训、体育经纪等服务性行业，也包括体育服装、体育器材、体育食品、体育饮料的生产和经营，这一观点被称为广义的体育产业。狭义的体育产业的观点认为体育产业就是体育服务业，即以活劳动的形式向全社会提供各类体育服务的产业。由于这种界定较符合产业经济学理论和逻辑学的规律，有学者[⑥⑦]认同这种界定，并提出了三点理由：首先，符合"具有某种同一属性经济活动"的产业定义和以相同商品市场为单位的产业划分规则；其次，体育、运动服务或劳务产品的生产过程和技术工艺具有相似性，符合以技术、工艺的相似性为依据的产业划分标准；再次，以活劳动的形式生产或提供体育、运动服务或劳务产品的产业是符合三次产业分类的标准。

　　总之，体育产业概念、内涵的不同理解与界定反映了专家、学者研究视角的差异，这也反映了体育产业本身就是一个不断适应社会发展、开放的概念。然而，根据产业经济学理论，产业属于中观经济学的范畴，是指具有某些共同属性或生产同一类产品的企业、组织、系统或行业的集合。而在体育产业的实际研究中，对体育产业的概念、内涵的阐述和理解应从

① 赵炳璞，蔡俊五，李力研，等.体育产业政策体系研究[J].体育科学，1997（4）：1-7.

② 张岩.体育产业概念的三种涵义及其运用范围[J].体育文化导刊，2001（9）：23-24.

③ 柳伯力.体育产业理论辨析[J].成都体育学院学报，2001，27（5）：36-39.

④ 卢元镇，郭云鹏，费琪，等.体育产业的基本理论问题研究[J].体育学刊，2001（1）：41-44.

⑤ 张岩，梁晓龙.体育经济问题若干理论观点的综述[J].成都体育学院学报，1996，22（2）：6-10，14.

⑥ 丛湖平.体育产业若干界说的辨析及相关问题的讨论[J].中国体育科技，2001，37（12）：2-4，10.

⑦ 郑芳，丛湖平.体育产业若干理论问题之辨析[J].浙江体育科学，1999，21（4）：24-27.

产业角度进行界定。综上所述,本研究认同的体育产业界定为"体育产业就是为社会公众提供体育服务和产品的活动,以及与这些活动有关联的活动的集合"①。

1.3.2 国内外关于体育产业的研究

1.3.2.1 国外关于体育产业的研究

国外关于体育产业的研究是 20 世纪 70 年代初伴随着体育本源部分的资源利用程度的提升而逐渐展开的。一些学者从微观的角度,开始对体育赛事的社会交换所呈现的经济现象研讨体育资源的形态、体育消费行为以及体育市场快速扩张的约束水平,继而转入各类资源配置方式与效益、自然资源禀赋的区位价值、市场营销策划等方面的研究。之后众多的学者注重以宏观经济学的视角对体育产业的发展方式、社会经济地位以及与其他产业的关联等问题进行了大量的研究。

20 世纪 30 年代,英国经济学家阿伦·费希尔提出,体育产业是以活劳动的形式向社会提供各类体育服务的行业,是体育服务业的简称。它包括健身娱乐业、竞技表演业、咨询培训业、体育旅游业、体育经纪业和体育博彩业。在将商业经营观念导入体育领域,促进其早日进入产业理论研究中,霍华德和克朗普顿是做出重大贡献的杰出代表,他们不仅介绍了体育作为产业的观点,而且还重点论述了商业经营与体育事业发展的关系,从而提出了建立体育产业理论体系的研究命题。②

到 20 世纪 80 年代中后期,再次掀起了世界性的健康体育浪潮,在体育产业研究中有较丰硕的成果。在这些研究中,1988 年杰克逊发表的关于对闲暇体育服务计划以及计划制定的研究成果,可以认为是这一时期体育产业研究的代表作之一。此外,福克斯艾尔、马斯林、扬奈克斯、山下秋二等对体育产业的特征、体育产业与体育社会学的关系、体育产业理论体系等方面进行了研究。③

---

① 中国体育科学学会体育产业分会.中国体育及相关产业统计 [M].北京:人民体育出版社,2011.

② 霍华德,克朗普顿.体育财务 [M].北京:清华大学出版社,2007.

③ 转引自:杨德云.体育产业研究进展述评 [J].市场论坛,2007,34(1):92.

1.3.2.2 国内关于体育产业的研究现状

国内体育产业的研究借鉴多学科(尤其是经济学)的理论与方法,主要是借鉴相关学科的研究方法和研究技术。已有的体育产业研究很多融合了经济学、社会学、管理学等学科领域的理论和方法。学者的研究方法也渐趋多元,涉及传统的文献资料、专家访谈、逻辑演绎等常规的定性的社会学研究方法,及问卷调查、数学建模、结构方程等定量分析的研究方法,特别是计算机统计软件的广泛应用(如因子分析、方差分析、回归分析),已经成为体育产业研究的重要分析方法。体育产业研究更多关注热点和重点问题。国内早期的体育产业研究热点主要集中在体育产业概念及内涵、体育与经济的关系、体育产业在国民经济中的作用等基础理论或宏观领域;中期的研究热点比较集中于中观领域,如职业体育市场开发、体育消费现状的调查与研究、体育场馆经营管理研究、奥运经济、体育赛事研究等领域;当前体育产业研究主要聚焦体育产业政策、区域体育产业发展、体育场馆运营管理、职业体育发展等问题。体育产业研究主要集中在理论与实践的有效结合。如体育产业统计指标的研究、国家体育产业基地建设研究、体育产业集群研究和区域体育产业发展研究等研究成果,可以为区域及整体体育产业的发展提供决策依据。

关于体育产业的协同创新研究。随着技术的进步,学者们开始关注协同创新对体育产业的重要意义。张瑞林(2012)[1]认为,协同创新对体育产业管理理论发展与实践应用具有重要意义,体育产业管理协同创新机制体现为产业协同创新、内部协同创新、管理协同创新、研究协同创新与区域协同创新。孙威等(2012)[2]将协同创新能力视作决定产业集群竞争力的关键因素,以晋江体育产业集群为例,从产业集群协同创新的角度出发,通过构建产业集群的协同创新机理、路径,推动我国地区产业集群的协同创新,以提高该地区产业集群的创新水平,分析了该产业集群协同创新的阻碍并提出了相应的策略。孙素玲(2015)[3]认为,协同创新是知识经济社会转型后提出的新的发展目标,而近年来我国高校体育产业协同创新发展在政府和市场发展的迫切需求下逐步发展,通过探究高校体育产业协同创新发展的迫切性,并思考其存在的问题以及未来的发展路

---

① 张瑞林. 体育产业管理协同创新 [J]. 北京体育大学学报, 2012(10):1-5.
② 孙威, 陈彦亮, 丛永强. 我国体育产业集群的协同创新研究 [J]. 技术经济与管理研究, 2012(11):33-39.
③ 孙素玲. 我国高校体育产业协同创新发展研究 [J]. 广州体育学院学报, 2015, 35(2):117-119.

径。段艳玲(2016)^①等基于245家体育企业的问卷调查数据,探讨我国体育产业协同创新网络能力、资源整合和创新绩效的关系,认为协同创新网络能力对体育企业创新绩效有显著正向效应;不同资源整合方式对体育企业创新绩效影响程度存在差异,其中探索型资源整合有显著正向效应,而利用型资源整合无显著效应;资源整合对协同创新网络能力与体育企业创新绩效之间的关系有显著中介效应。

空间视角下的体育产业整合研究。汪艳等(2018)^②从空间关联视角出发,利用探索性空间数据分析(ESDA)和时空跃迁法对我国22个省2003—2015年体育用品业的空间基尼系数、产业地理集中度、区位熵测度其集聚水平的动态演化特征进行分析。研究认为,为促进区域间体育产业协同发展,应促进区域间生产要素的流动和空间溢出效应发挥,引导区域间的产业有序转移,同时也应尊重区域间空间关联的差异性,结合区域优势进行差异化产业布局、非均衡发展。何胜保(2016)借助灰色系统理论,建立京津冀都市圈体育产业与经济增长之间的耦合关联度,认为京津冀都市圈体育产业结构演化受政治环境、经济环境、社会环境和科技环境等诸多外在因素的影响;京津冀体育产业结构演化大致可分为形成、困惑、探索发展和快速发展4个阶段。徐茂卫等(2013)^③基于资源视角提出了我国体育产业资源整合的实施路径框架,认为政府作用、市场机制和社会文化是我国转型经济背景下体育产业资源整合的主要动力;我国体育产业资源整合的实施主要通过构建体育资源的协同体系实现体育资源共享,整合体育产业价值链,发展体育产业集群,促进体育产业与其他产业融合和对接等4种模式;体育产业资源整合可以产生资源协同效应,提高产业创新能力,促进产业绩效的提升。高雪梅等(2014)^④认为,长三角自贸区与城市群建设等区域优势为长三角体育产业协同发展打下良好基础;长三角体育产业全球化竞争水平还比较低,长三角体育产业发展结构失衡,缺少合作平台,区域合作中协调机制尚未形成且缺乏企业主体参与等是长三角体育产业区域发展中面临的主要挑战。提出以自贸区建设为机遇,以行业协会为平台,遵循市场规律使企业成为体育产业区域合作与发展的主导力量,鼓励企业跨地区兼并重组等策略来促进长三角体

① 段艳玲, 徐茂卫, 陈曦. 我国体育产业协同创新网络能力和创新绩效:基于资源整合的中介效应研究[J]. 上海体育学院学报, 2016, 40(2).
② 汪艳, 王跃, 殷广卫. 空间关联视角下体育产业集聚的时空演化研究——基于ESDA的实证[J]. 西安体育学院学报, 2018, v.35; No.165(3):30-37.
③ 徐茂卫, 郑永芳. 基于资源视角的我国体育产业资源整合的实施路径分析[J]. 武汉体育学院学报, 2013, 47(1).
④ 高雪梅, 郝小刚. 长三角体育产业发展研究[J]. 体育文化导刊, 2014(10).

育产业区域战略合作与发展。

体育产业与全民健身的共生研究。雷涛（2017）[1]以共生理论为指导，认为全民健身与体育产业存在共生关系，体育消费市场是二者的共生介质和纽带，它们通过在共生界面产生能量转化，达到优化和提升整体增值。以体育消费市场为支撑，以供需为切入点，在宏观层面制定政策，释放政策利好，激励协同发展；在中观层面建立机制，做好制度顶层设计，加快制度创新，有效规范协同发展过程中主客体的行为；在微观层面创新模式，制定体育消费市场供需对接的保障措施，是全民健身与体育产业协同发展的实践路径。李龙（2017）[2]认为全民健身和体育产业存在共生关系，现阶段我国全民健身与体育产业供需不均衡、不协同，偏利性共生倾向严重以及体育消费市场发展的体制机制不完善等因素制约共生关系的健康发展；需要选择体育消费市场"供需两侧"协同发力，"资源流动"畅通渠道以及"正向环境"有效营造等路径来促进全民健身和体育产业共生关系健康发展。钱晓艳（2016）[3]在全民健身与体育产业的耦合发展机理基础之上，提出了全民健身与体育产业的耦合发展路径：制定全民健身与体育产业耦合发展政策，完善其协同发展战略规划；聚集全民健身与体育产业耦合发展要素，激发群众体育消费需求；建立全民健身与体育产业耦合发展机制，促进体育产业与健身相关产业的相互融合，实现二者的协调发展。

体育产业与其他产业的融合研究。近年来，产业间融合成为体育产业相关研究的重要内容之一。张广俊等（2017）[4]探讨了体育产业融合的动因、路径、效应与策略，认为范围经济的成本优势及多元协同、网络经济的新模式、技术创新的扩散与溢出、规制改革的经济与政策环境及市场规模的融合拓展是体育产业融合的动因；依据体育产业的服务业特性分析提出技术融合、产品融合、市场融合、生产融合4条路径；从产业层面分析了体育产业融合下的体育产业定义与分类、促进体育产业结构及国家整体经济的优化升级效应；从政府规制层面认为需要制定出一个兼顾动态发展、多方面考虑的反垄断法界定法案及建立统一高效的联合规制体

---

[1] 雷涛. 全民健身与体育产业协同发展：理论逻辑与实践路径 [J]. 西安体育学院学报，2017（6）：664-669.

[2] 李龙. 全民健身与体育产业共生关系的现实观察与发展路径 [J]. 中国体育科技，2017（2）.

[3] 钱晓艳. 全民健身与体育产业的耦合发展 [J]. 西安体育学院学报，2016（6）：701-705.

[4] 张广俊，李燕领，邱鹏. 体育产业融合的动因、路径、效应与策略研究 [J]. 武汉体育学院学报，2017（8）.

制与有针对性的规制政策；从企业层面分析了体育产业融合对企业的跨产业并购与战略联盟的影响效应。

林勇虎（2016）[①]等学者关注体育产业和旅游产业融合过程中的协同问题，认为体育产业与旅游产业融合过程中两大产业间的关联性是协同创新的前提；满足市场需求是协同创新的内在动力；资源共享是协同创新的基础；合作行动是协同创新的路径。韦海琼（2016）[②]基于共享经济视角，指出我国正在不断引导体育产业与旅游产业的融合发展，通过资源共享、市场需求、发展趋势与科技革新、产业互动发展等多个角度，窥视体育产业与旅游的互动发展，提出产业融合与协同创新发展策略，促进两大产业的转型升级、优化发展。冯欣欣等（2016）[③]基于体验经济的理论视角，分析体育产业与旅游产业实现融合的机制，认为体育产业与旅游产业的融合模式可分为延伸式、互补式和嵌入式三种；体育产业与旅游产业融合的实现机制包括政府、产业和企业三个层面，政府应提供政策保障机制，产业间建立资源共享机制，企业应构建协同创新机制。李燕等（2017）[④]在厘清京津冀全域体育旅游内涵的基础上，剖析京津冀全域体育旅游发展基础及存在的问题，从空间布局、产业构成以及产业价值形成3个方面分析京津冀体育旅游产业，针对京津冀全域体育旅游缺乏统一规划、存在同质化竞争、产业融合发展度不高、规模小、人才匮乏等问题，以京津冀全域体育旅游产业发展的新理念新模式为出发点，在协同一体化发展理论指导下，着眼于促进全域体育旅游产业联动发展，提出了4条体育旅游协同发展路径，分别是政府引导—政策协同、市场运作—资源统筹、企业对接—产业协同，社会参与—供需匹配。

1.3.2.3 国内关于区域体育产业理论与实践领域的研究

关于体育产业区域治理的研究。一方面，区域体育产业发展过程中一直存在一个问题，就是各个利益相关者之间的利益协调问题，各个利益主体之间关系复杂，需要相应的监督机制、激励机制、协调机制等来保障各个利益相关者之间利益的最大化。另一方面，治理理论应用范围的扩

① 林勇虎，林正根. 基于产业融合的体育产业与旅游产业协同创新研究 [J]. 沈阳体育学院学报，2016，35（1）.
② 韦海琼. 共享经济视角下我国体育产业与旅游互动发展研究 [J]. 改革与战略，2016（11）：147-150.
③ 冯欣欣，林勇虎. 基于体验经济的体育产业与旅游产业融合模式及其实现机制 [J]. 体育文化导刊，2017（9）.
④ 李燕，骆秉全. 京津冀全域体育旅游产业布局及协同发展路径研究 [J]. 中国体育科技，2017（6）：49-55+72.

展和体育产业的实际问题都为把治理理论引入到体育产业当中,建立体育产业治理框架和理论体系提供了条件。孙班军在 2006 年就对体育产业治理的内涵进行了讨论,他认为体育产业治理是指"体育利益或非利益团体及其行为方式的组合,通过它,相互依存的经济行为人(需求方、供应方、中间商、工人、体育协会以及国家机构)自愿地协调和层级制地控制其自身行为和相互行为。这些行为方式应至少包括:协商经营条款并缔约、表达利益、配置资源和任务、设立标准、组织信息流和监督服从、构造激励和动用处罚、解决冲突、分配成本与利润以及在不确定和变化的条件下做出集体选择等"[①]。他还在 2008 年在对体育产业治理概念界定和再认识的基础上,依据治理理论和产业理论,构建了体育产业治理的概念框架。[②]

关于区域体育产业发展的研究。研究较多涉及体育产业的发展环境与发展战略。俞琳[③]认为体育产业大发展受到经济发展水平、人民收入与消费观念变化、传媒条件、基础设施以及体育场(馆)设施条件、社会资金投入、政府政策引导等多种因素不同程度的影响。尹小俭等[④]则以区域社会经济发展水平为切入点,选取经济、产业结构、人口数量与质量、政府行为、相关产业等指标分析区域体育产业与社会经济的关系。俞继英等[⑤]、鲍明晓[⑥]、张林等[⑦]在全面研究的基础上为我国体育产业的发展提出完整的对策与建议。杨铁黎等[⑧]、蔡宝家[⑨]、周良君等[⑩]则从区域角度提出区域体育产业发展战略的研究。

---

① 孙班军,薛智.体育产业治理研究 [J].河北体育学院学报,2006,(3):1-3.
② 孙班军,朱燕空,邢帅,赵晨,赵金娃.体育产业及其治理的概念框架与治理边界探讨 [J].北京体育大学学报,2008,(8):1009-1012.
③ 俞琳.我国三大都市圈区域体育产业发展环境论——以上海市为个案分析体育产业发展环境影响因素 [J].体育科学,2007,27(7):86-95.
④ 尹小俭,杨剑.区域体育产业发展的外部环境比较研究 [J].成都体育学院学报,2009,35(11):6-9.
⑤ 俞继英,鲍明晓,戴健,等.我国体育产业发展战略研究 [J].中国体育科技,2002,38(3):3-6.
⑥ 鲍明晓.我国体育产业发展的战略研究 [J].体育科研,2006,27(3):1-8.
⑦ 张林,等.我国体育产业未来 5 年发展构想与展望 [J].体育科学,2006,26(7):13-19.
⑧ 杨铁黎,等.论北京市体育产业发展战略 [J].首都体育学院学报,2010,22(2):22-26,29.
⑨ 蔡宝家.区域体育产业发展研究 [J].体育科学研究,2013,17(4):9-15.
⑩ 周良君,等.广东沿海区域体育产业发展研究 [J].体育文化导刊,2009(12):69-72.

关于区域体育产业集群的研究。刘兵、董春华[1]运用结构方程统计软件对体育产业集群形成与区域发展关系进行了研究,并提出积极推进体育产业集群、加快专业化人员的培养、加大培育体育产业的专业化行业组织或中介组织机构、完善产业链等观点。方春妮[2]在分析国外体育产业集群发展的基础上,从政府、企业、协会等层面提出了我国区域体育产业集群的发展建议。巢旭等[3]通过对体育产业空间集聚的路径探索,剖析体育产业集群的隐形因子间的因果关系,推导出体育产业集群形成的合理建构,并提出了创新性的建议。宋昱[4]研究了体育产业不同业态的集聚化,重点研究体育服务业和体育用品业集聚与集群化。

关于区域体育产业竞争力的研究。卢金逯等学者[5]认为提升我国体育产业竞争力,必须以发达地区体育产业为先导,以本地区内的首位城市为中心,以点带面、分层推进,从而实现我国体育产业的协调发展。还有的学者[6]对区域体育产业核心竞争力的要素及特征进行深入的研究,认为区域体育产业核心竞争力以创新环境为基础,以创新网络为平台,通过区域内各行为主体的互动学习和空间集聚不断整合区域内的资源,实现资源有效利用和整合。还有学者[7]以增长极理论为分析工具,分析了区域体育产业增长极的构成要素,提出构建区域体育产业的增长极网络,促进区域内体育产业结构的有机耦合,实现优势互补。还有学者[8]认为区域体育产业竞争力是国家体育产业竞争力优势的体现,而提升区域体育产业竞争力是体育产业做大做强的保证,并在假设基础上构建了区域体育产业竞争力模型。

[1] 刘兵,董春华.体育产业集群形成与区域发展关系研究[J].体育科学,2010,30(2):48-54.
[2] 方春妮,刘勇.区域体育产业集群发展研究[J].体育文化导刊,2012(6):97-101.
[3] 巢旭,刘兵.基于结构方程模型的体育产业集群建构[J].首都体育学院学报,2010,22(2):1-4,8.
[4] 宋昱.中国体育产业的集聚与集群化发展研究[D].南京师范大学学位论文,2011.5.
[5] 卢金逯,倪刚,熊建萍.区域体育产业竞争力评级与实证研究[J].体育科学,2009,29(6):28-38.
[6] 罗建英.论区域体育产业核心竞争力的要素及特征[J].浙江体育科学,2007,29(5):14-16,22.
[7] 陈林会.区域体育产业增长极培育研究[D].南京师范大学博士学位论文,2012.5.
[8] 刘兵.基于结构范式的区域体育产业竞争力评价模型探讨[J].成都体育学院学报,2010,36(4):6-10.

关于区域体育产业协调发展的研究。李琳、杨婕等学者[1]运用区域体育产业系统自身可持续发展目标的实现程度以及区域体育产业系统与社会经济生态环境系统之间的协调发展程度研究区域体育产业的协调发展问题。张贵敏等学者[2]基于区域体育产业协调发展的视角分析了区域体育产业形态及其特征,依据环境与资源因素、需求要素两个因素把握区域体育产业的发展定位。还有的学者[3]基于协同竞合思维,从宏观层面分析国内三大都市圈区域内各省市体育产业协同发展的背景与意义、条件及机遇,以及协同竞合开发的制度保障。王宁宁等学者[4]提出体育产业协同发展是指体育产业的各个领域和各个环节具有较好的协同机制,从经济学角度提出体育产业的投入、产出、消费三者之间要有较高的协同度,在体育产业研究中引入协同发展这一观点。有的学者[5]从系统论角度出发构建了体育产业发展的"内在禀赋——社会经济外环境"系统协调评价模型及评价指标体系,并进行了实证研究。崔文杰[6]提出需从宏观把握体育产业发展的规律和特征,给出珠三角区域体育协调发展的战略构想,并给出协调发展的思路与措施。鲍明晓[7]提出协同发展两岸体育产业,应将大陆的资源优势、成本优势、市场空间优势与台湾的管理优势、技术优势、资本优势有机整合,实现优势互补、互利共赢,并提出建立交流的互动平台、共同开放职业体育市场、合作开发运动休闲体育、开放双向体育产业投资、统一两岸服务技术标准、鼓励两岸体育院校开展合作等建议。薛文标[8]结合协同学理论对闽台体育产业协同发展中的动力机制、耦合机制、外部环境控制机制和自组织运行机制进行了分析,提出闽台地区需要加强合作实现共赢。

① 李琳,杨婕,等.区域体育产业可持续发展评价指标体系研究[J].北京体育大学学报,2010,33(9):26-29.

② 张贵敏,王艳.我国区域体育产业的基本定位——基于区域体育产业协调发展的视角[J].沈阳体育学院学报,2011,30(3):3-7.

③ 陈安琪,俞琳.国内三大都市圈体育产业协同竞合发展范式研究[J].体育科研,2007,28(1):15-18.

④ 王宁宁,于海娟.论区域经济背景下我国体育产业的协同发展[J].山西师大体育学院学报,2009,24(3):21-24.

⑤ 王国勇,王宪忠.体育产业发展的系统协调评价模型及其实证研究[J].沈阳体育学院学报,2010,29(2):56-59.

⑥ 崔文杰.大珠三角区域体育产业协调发展研究[J].山西体育科技,2011,31(4):57-59.

⑦ 鲍明晓.开放协作,互利共赢——协同发展两岸体育产业[J].环球体育市场,2010(4):53.

⑧ 薛文标.闽台体育产业协同发展的机制研究[J].体育成人教育学刊,2012,28(6):47-47.

关于长三角区域体育产业发展的研究。关于长三角体育产业研究的文献资料始于 2004 年,学者们[①②③]从长三角地区体育产业一体化发展、体育圈构建、体育产业经营人才一体化培养等方面进行了研究。丛湖平等学者提出长三角体育产业一体化发展中不可回避地面临由"长三角"区域内差别引致的观念分野和由行政区划造就的政府区内自利性的问题,并提出以市场机制为主要手段调节资源配置的效率,以政府间在融通基础上的宏观制度调控并寻求各方利益和区域利益最大化为目标,建立多种层面的协调机制,推进区域合作,以实现长三角地区体育产业一体化。之后的研究开始涉及长三角区域体育产业的各个方面,主要包括体育产业的发展环境和发展要素,长三角体育旅游、休闲体育协调发展,长三角城市体育产业链等方面的研究。有学者[④]从自然资源、资本、劳动力、技术、区位特点、社会文化及制度等要素分析了长三角两省一市体育产业发展的比较优势,提出区域间体育产业及相关产业的合理布局和协调发展。有学者[⑤]在分析长三角城市经济现状及体育产业发展态势的基础上,对打造长三角城市体育产业链进行了分析,提出应依靠政府的扶持和自身的努力,加强城市间的合作,缩小体育产业发展的层次差异,从大型体育赛事、体育产业市场、体育场馆建设、体育彩票市场、体育旅游、体育中介机构服务六个业态打造产业链。还有的学者[⑥]结合长三角区域规划和经济社会发展的特点,在区域经济背景下分析长三角休闲体育产业发展的基础与优势,提出优化休闲体育产业的结构布局,健全市场体系,完善政策,实现长三角区域共赢。

仔细研读不难发现,多数研究成果重点强调区域体育产业之间的竞争,而对体育产业内部、区域内、区际的协调发展方面的研究涉及不多,而区域体育产业发展现实中还存在"区域市场秩序紊乱""产业之间恶性竞争"以及"地方保护主义"等一系列问题。因此,处理好竞争与合作之间

① 丛湖平,唐小波."长三角"地区体育产业一体化发展研究 [J].中国体育科技,2004,40(3):1-3.
② 虞重干,刘志民,李志清."长三角体育圈"竞技体育现状及发展对策 [J].上海体育学院学报,2004,28(6):5-8,15.
③ 张林,何先余.长三角地区体育产业经营人才一体化培养策略 [J].体育科研,2004,25(1):1-4.
④ 罗建英,丛湖平.长三角地区体育产业发展的要素比较研究 [J].体育与科学,2005,26(3):46-48,51.
⑤ 曹晓东.打造长三角城市体育产业"链"的研究 [J].体育科研,2010,31(5):54-58.
⑥ 曹士云,白莉.长三角城市群休闲体育产业集群与区域经济社会协调发展研究 [J].城市观察,2010(6):72-78.

的关系、创设良好的体育市场发展环境、实现区际合作多赢等则成为解决问题的关键环节。

1.3.3 协同发展研究现状

1.3.3.1 区域与区域之间协同发展研究

有学者认为区域协调发展最主要的形式是产业协调发展,这是因为产业范畴直接或间接包括了商品流、资金流、信息流等各项地区经济活动。在中国省区交界地域的经济发展问题上提出利用密切的区域空间关系,打破行政区划限制走协同发展的道路,实现区域间优势互补,发挥整体优势就成了经济发展的必然选择。[①] 准确地把握区际关系,是科学认识区域经济协调发展机制的前提与基础,经济先发区域和后发区域协同发展有利于经济的可持续发展;后发区域的发展滞后,会引致区域消费结构断裂,不利于先发区域产业结构的升级;后发区域在劳动力供给方面对先发区域的经济增长形成桎梏,产业的梯度转移延迟,以及地方保护主义、区域市场分割和产业同构,会弱化区域间的经济联系,从而影响整个区域经济的增长。先发区域也应当在区域经济协同发展战略中承担更多责任。[②]

区际协同发展机制方面的研究。有的学者[③]指出区域经济协同发展应以协同学原理为基本理论依据,建立跨行政区组织协调机构及其运行机制,加强在宏观发展框架下的区域规划工作和规划实施体系建设,有效激活与加快构建行业与企业的自组织协调机制;建立跨行政区点轴开发的经济地域系统;建立衡量地方经济发展与考核政府政绩的区际协调与保障机制,并提出区域经济协同发展实施与监督调控的基本途径。有的学者[④]提出了完善我国区域管理体制与机制的基本原则,并对我国区域管理体制机制调控对象的地位和作用进行了分析研究,依此提出了在国家层面、行政区层面上促进区域协调发展体制改革和机制创新的思路

① 冷志明,中国省区交界地域经济协同发展研究 [J].开发研究,2005(4):74-77.
② 彭荣胜.区域协调与先发地区经济持续发展研究 [J].商业研究,2007(10):18-23.
③ 黎鹏.区域经济协同发展及其理论依据与实施途径 [J].地理与地理信息科学,2005,21(4):51-55.
④ 张庆杰,申兵,汪阳红,等.推动区域协调发展的管理体制及机制研究 [J].宏观经济研究,2009(7):9-19.

和重点。还有的学者以外部性理论为基础建立了区域关联效应模型，并论证了区域关联效应具有乘数关系，在此理论前提下探讨了区域经济一体化与区域合作和区域补偿政策这两种区域协调机制的运行机理和实际运用。[1]周绍杰等[2]认为应该通过完善市场体制、促进跨区治理以及优化协调三个区域协同实现体制达到经济发展、环境保护和区域均衡发展的目标，这就要改变当前以经济增长为主的晋升考核制度，鼓励区域经济合作，完善发展规划体制以及发挥财政政策的导向作用。覃成林[3]认为区域协调发展机制体系由市场机制、空间组织机制、合作机制、援助机制和治理机制的相互联系构成了一个金字塔形的结构关系，每个机制既独立地产生促进区域协调发展的作用，同时又通过相互联系而产生促进区域协调发展的合力。还有研究认为政府、市场、企业三方面的共同作用推动区际协同发展。

关于长三角、京津冀、珠三角区域一体化的研究成果则相对较多。钱亦杨、谢守详[4]提出了长三角大都市圈应该开展跨行政区规划，加速区域经济一体化；加大城市联系，增强大都市的内核功能；加速都市圈内的通道的建设；加快金融改革步伐，促进资本自由流动；积极发展本地区主导型产业，加快产业集聚进程。谷健[5]在研究京津冀区域产业协同发展中提出：首先要认清京津冀三地区各自的产业优势与劣势，集中优势资源发展各自主导产业，并通过增长极扩散作用，带动周边地区相同和相关产业的发展；建立公平公正的区域协调机制，保证区域政策的制定和实施没有倾向性；通过制定和完善法律保障区域协调政策的公平制定和公平实施。梁桂全、游霭琼[6]认为泛珠三角区域合作无论是区域内地区间的经济合作，还是生产要素的跨地区流动和组合，都是以各地区产业结构的异构互补与产业梯度传递为基础的。区域经济合作的根本目的，就是充分利用区域内成员间生产要素的差异性以及产业结构上的互补性，通过生产要素和产业结构在地区间的转移，最大限度地发挥差异性生产要素的

① 刘普，李雪松.外部性、区域关联效应与区域协调机制[J].经济学动态，2009（3）：68-71.
② 周绍杰，王有强，殷存毅.区域经济协调发展：功能界定与机制分析[J].清华大学学报（哲学社会科学版），2010（2）：141-148.
③ 覃成林.区域协调发展机制体系研究[J].经济学家，2011（4）：63-70.
④ 钱亦杨，谢守详.长三角大都市圈协同发展的战略思考[J].华东经济管理，2004（4）：4-7.
⑤ 谷健.京津冀区域产业协同发展研究[D].河北大学经济学硕士学位论文，2012.6：28-31.
⑥ 梁桂全，游霭琼.差异·互补·共赢——泛珠三角区域合作的基础与趋势[J].广东社会科学，2005（1）：27-34.

聚集效应，实现经济效益最大化，提升整个区域的综合竞争力。

1.3.3.2 区域协同发展与产业发展的研究

关于区域协同发展与产业协同发展的研究，有的学者[1]认为区域协同发展最核心的内容是区域间产业的协同发展，而区域间产业的协同发展包括了区域产业的合理分工和协作，并运用古诺模型从纵向产业合作和横向产业合作两种形式分析了合作的效应，认为只有加强对引进技术的吸收才能更好地使得区域间产业协同发展。有的学者[2]认为生产集中化趋势与区域协同发展之间存在着矛盾：生产要素的集中化—产业集群的出现—生产要素地区配置不平衡性—区域不协同发展。解决问题的关键在于开辟新的产业领域，发展具有本地区比较优势和特色的产业和产品。有学者[3]从区域协同的角度分析旅游业的发展，试图找出区域旅游业协同的"序参量"（Order Parameter），并认为各级政府、旅游企业、旅游人才和资金等因素是影响甚至支配区域旅游协同发展的主要"序参量"；还有的学者[4]认为区域协同发展是区域旅游合作的高级形式，探析了区域旅游协同发展模式。

1.3.3.3 区域协同发展评价的研究

区域协同发展评价的研究是通过建立指标体系来进行的，即通过指标构建来测定区域内的经济、环境、人才、资源和社会间的协调度。国家发改委宏观经济研究院的研究结果表明，评价区域经济协调发展涉及三个基本指标体系：一是反映人均可支配收入方面的协调程度；二是反映人均可享有基本公共产品和公共服务方面的协调程度；三是反映地区发展保障条件方面的协调程度。上述区域协同发展的评价研究内容各不相同，反映了对协同的内涵的理解、影响因素及实现途径理解各不相同。从总体上说，现有的研究对传统的资金及人力资本因素研究较多，而对文化历史等新因素研究较少；且没有将协同程度与发展度有效地结合起来，所以得出的仅仅是孤立的区域经济协同的计算结果，而不能得出区域协同是否能促进全国经济社会的全面发展以及整体协同是否能促进区域的

---

① 陈彦旭.古诺模型在区域产业协调发展中的应用[J].经济论坛，2008（8）：7-8，23.
② 吕政.对"十一五"时期我国工业发展若干问题的探讨[J].中国工业经济，2004（11）：5-10.
③ 余志勇.红三角区域旅游发展协同论[J].特区经济，2005（3）：144-146.
④ 粟路军，柴晓敏.区域旅游协同发展及其模式与实现路径研究[J].北京第二外国语学院学报（旅游版），2006（7）：19-24.

发展的结论。

在区域协同度的评价方面,王传民(2006)[①]构建了一套比较科学合理的产业协同发展评价指标体系,并从空间和时间两个维度对两千多个县进行了产业协同发展成熟度评价。蒙少东[②]通过非线性经济系统建模方法分析区域经济的协调发展问题,利用区域经济协调发展的空间模型、区域技术创新决策激励模型和制度创新模型等组成模型体系,并对区域经济协调发展问题进行定性、定量和实证研究。

概而言之,关于区域经济协同发展问题的研究,国内外学者已经开始了研究和探索,并形成了一些相应的理论观点。通过对区域经济理论、协同发展理论以及区域协同发展研究的综述性研究,理清了区域协同发展理论和实践问题的国内外研究的基本状况,为下一步的研究提出具体要求,明确了研究方向。

1.4 研究思路与研究方法

1.4.1 研究思路及技术路线

长三角地区是我国体育产业起步较早、发展较快的区域,同时也是目前全国体育产业最为发达的区域之一。在研究长三角区域体育产业发展问题时,识别区域体育产业是否协调发展和产业结构是否合理是研究的起点,同时,体育产业的发展不可能摆脱内外环境的影响,为此研究以区域协调发展观为视角,对体育产业区际协同发展的基本机理进行梳理,对体育产业发展的内外环境进行评估,研判长三角地区体育产业的发展状态;在此基础上,从产业发展的角度,以区域和产业分工理论、产业结构理论为基础,对长三角地区体育产业的现存行业结构、空间分布特征进行诊断分析;再以主导产业选择标准选择区域主导行业,勾勒长三角地区体育产业的行业布局;最后,在全面调研的基础上,并以上述研究为参照,提炼出区域协同发展面临的困境,并据此给出长三角区域体育产业协同发展的路径和策略。

本文总体采用文献整理与专家访谈相结合、规范分析与实证研究相

---

① 王传民.县域经济产业协同发展研究[D].北京交通大学博士学位论文,2006.9:35-72.

② 蒙少东.区域经济协调发展研究[D].天津大学博士学位论文,2004.6:28-47.

结合的研究方法,技术路线如图 1-1 所示。

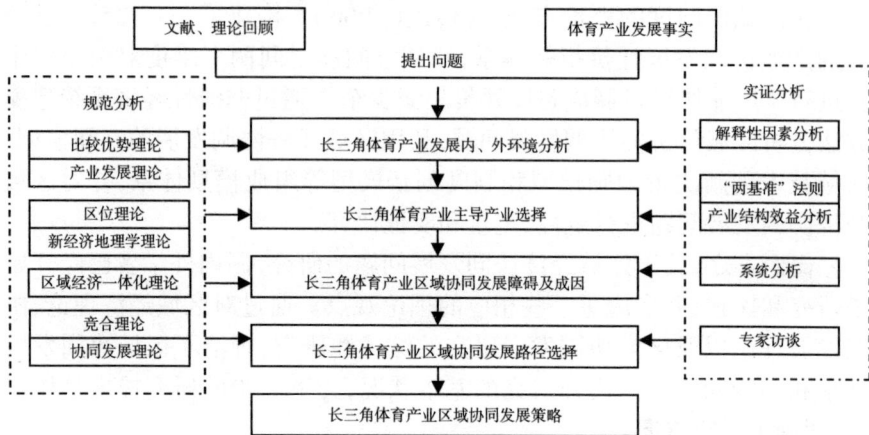

图 1-1:研究技术路线图

1.4.2 研究方法

(1)文献资料法:通过研读国内外相关文献,对区域经济协调发展、区域体育产业协调发展的研究状况进行梳理、综述,了解这一领域国内外发展动态、一般规律和未来趋势,为研究方案的确定、关键概念的明晰、关键变量的定义、理论分析框架的构建提供支持。

(2)历史研究法:通过对我国区域体育相关的史料进行收集和分析,分析出区域产业协调发展机制的主体,构建出协调发展的机制,提出区域体育产业协调发展的对策。

(3)专家访谈法:针对本研究中涉及的一些重要信息及有关问题,对这一领域内的一些专家进行访谈,使本课题的研究思路更加清晰、有条理。

(4)规范研究与实证研究相结合的方法。本文在分析的过程中,对文中所涉及的概念及协同发展机制在考察大量文献和事实的基础上进行了明确的界定和系统的阐述与分析。同时,文中在分析产业结构发展特征时,对长三角体育产业发展中的相关问题进行了直接和间接的定量考察,对长三角两省一市的相关指标采用实证分析,对构建体育产业区域协同发展路径及发展策略采用规范研究。

1.4.3 本书的内容体系及框架

本书的内容框架:

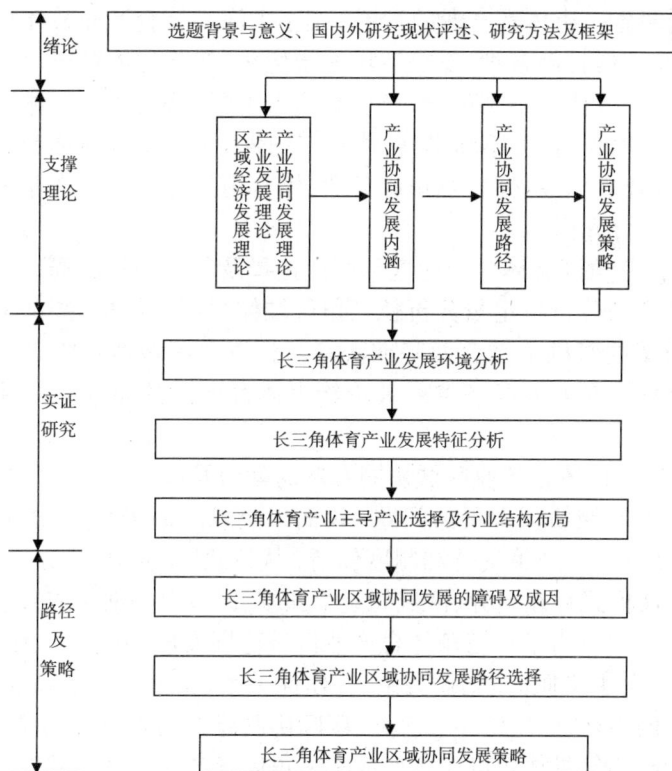

图 1-2：内容框架图

（1）绪论。首先阐述选题背景和选题意义,在梳理前人研究成果的基础上进行归纳与分析,发现可借鉴价值及已有研究的局限性,也为问题的提出、思路的形成、研究框架的搭建提供支持。

（2）区域体育产业协同发展的相关概念及基础理论。首先对本研究相关的概念进行界定,以明确研究论域；并对本研究相关的理论进行梳理和分析,为后续研究提供理论支撑及解释依据。

（3）长三角区域体育产业协同发展的基础分析。本章包括体育产业的发展环境与发展特征两部分内容。体育产业发展环境包含了体育产业在发展提升过程中所处的空间以及这个空间中可以直接或间接影响发展的各种要素,主要对体育产业发展的整体环境及体育产业发展具有促进作用的经济情况进行深入分析,包括影响体育产业发展的社会经济、人文、政策以及区位、自然资源等,尤其是长三角区域的区位特征、资源禀赋、经济竞争实力、产业发展水平、产业结构状况等进行分析。长三角体育产业发展特征分析,从体育产业规模不断增长、体育产业的经济贡献显现、体育产业结构渐趋合理分析长三角区域体育产业的总体特征；

归纳分析两省一市体育产业的发展特征：上海市体育产业整体规模持续增长、产业结构日趋合理、供需市场逐步优化,江苏省体育产业整体规模快速增长、产业体系不断健全、产业影响力不断增强,浙江省体育产业整体规模逐步增长、业态不断丰富、体育市场供给增加;并对体育健身休闲业、体育竞赛表演业、体育场馆服务业、体育用品业等体育产业子行业的发展特征进行分析。

（4）长三角区域体育产业主导产业选择及行业结构布局。本章在运用偏离—份额分析法定量分析长三角区域体育产业结构,并参考主导产业选择依据的基础上结合两基准法则对长三角区域体育主导产业进行选择;继而依据区域经济发展理论给出体育产业的布局方式及行业布局政策。

（5）长三角体育产业区域协同发展的障碍及成因。首先阐释了长三角体育产业区域协同发展的问题:议而未决或决而未行、缺乏有效的法律约束、缺乏宏观政策支持和制度创新;从行政区的刚性约束、产业结构趋同及发展模式存在差异、区域间竞争加剧、区域合作缺乏权威性和行政手段四个方面分析了长三角体育产业区域协同发展的障碍要素;并从需求偏好、机会主义倾向、利益关系、合作性关系、竞争性关系等抽象角度,以及观念的不合理、主体不够多元、区际协调能力偏弱、利益机制不健全、制度上的缺陷等具体角度阐释形成长三角体育产业区域协同发展障碍的原因。

（6）长三角体育产业区域协同发展路径。首先分析长三角体育产业区域协同发展机理的基础上,对长三角体育产业协同发展的相关主体进行深入分析;基于长三角地区体育产业协同发展的已有事实给出体育产业区域协同发展模型;进而构建了飞地合作路径、腹地协同路径、毗邻地共生路径三个体育产业区域协同发展可选择路径,并阐述不同路径的实施条件及实现路径。

（7）长三角体育产业区域协同发展策略。体育产业发展趋势表明,政府间公共体育产品和公共体育服务的供给合作将会越来越多,体育企业间的合作将更加密切,依据长三角体育产业区域合作取得的已有经验,制定长三角体育产业区域协同发展策略还需要遵循相应的原则,建立和完善相关保障机制,采取有力的措施为区域间体育产业协同提供支持。

2 区域体育产业协同发展的
相关概念及基础理论

2.1 相关概念界定

2.1.1 长江三角洲区域

区域是一个内涵丰富的概念,不同学科对"区域(region)"有着不同的理解:地理学中,"区域"一直是其核心概念,是实实在在的物质内容,而且有明确的边界,包括自然、人文、经济区域;经济学将"区域"视为由人的经济活动所造成的、具有特定地域特征的经济社会综合体,是一个在经济上相对完整的经济单元;政治学一般把"区域"看作国家实施行政管理的特定行政单元,主要从政治和法律的途径来看待区域的刚性约束问题;社会学和人类学则把"区域"作为具有人类某种相同社会特征(语言、宗教、民族、文化)的聚居社区。因此,综合多种学科不难发现,"区域"的概念拥有多维的释义,而在本书的研究中,我们是将"区域"当作某个政府层级所管辖的行政土地范围,主要是公共管理意义上的概念。

从经济领域来看,区域是人类赖以长期从事社会经济活动,谋求生存、发展和完善的一定地表空间。根据一定区域范围内连片存在的人类经济生活基础、产业结构特征以及区域内部各组成部分之间所具有的高度相似性或相关性,埃德加·胡佛将区域划分为均质区和结节区。均质区是依据区域内部某一或某些重要因素特征上的一致性或相似性进行划定;结节区的划定是根据区域内组成部分存在着高度相关性,即同行业按其内在的相关性共同占同一区域内某个区位而相邻、相依、相互影响、共同发展。还有学者提出一种区域的划分,即规划区域,本书采用的概念就是规划区域的概念,《长江三角洲地区区域规划(2009—2015)》指出长三角范围包括上海市、江苏省和浙江省,区域面积 21.07 万平方公里,以上海市和江苏省的南京、苏州、无锡、常州、镇江、扬州、泰州、南通,浙江省的杭州、宁波、湖州、嘉兴、绍兴、舟山、台州 16 个城市为核心区。

2.1.2 区域治理

区域治理是一个"舶来品"。大部分学者都认为区域治理概念由地方治理、府际管理等概念延伸而来。西方采取了形式多样的跨域治理实践,如城市治理、地方治理、大都市区治理、多层次治理等,同时与区域治理相关的概念还包括跨域治理、广域行政、空间治理等。我国台湾学者较早探索并使用相关概念,但是他们普遍都会使用跨域治理来表述。比如跨界治理、都市治理、区域治理等概念,其实质上就是治理理念、制度架构在跨政区公共事务管理中的运用。[①] 本文基于地理空间上的区域治理概念,把"域"理解为在某个特定的地理空间或行政区划内,政府之间、政府与非政府组织之间如何开展合作与治理。

国内学者张京祥(2000)在《城市与区域管治及其在中国的研究和应用》[②] 一文中较早使用了"区域管治(Urban and Regional Governance)"的概念,他在文章中提到的区域管治的概念虽然并没有进行确切的定义,但是他在文章中提到区域管治的本质:(1)建立地域空间管理的框架,提高政府的运行效益;(2)有效发挥非政府组织参与城市与区域管理的作用,提高空间规划的社会基础、科学基础和可实施基础。可以看出,这与我们现在所定义的区域治理内涵相似。

李长晏、詹立炜(2005)等台湾学者认为,跨域治理是基于多元力量的广泛参与、平等协商以及问责监督的过程,以异中求同、因地制宜的原则,以解决因为跨领域、跨行政区、跨部门所引起的棘手难解的公共问题。[③] 林水波、詹立炜、李长晏等人在《跨域治理》[④] 以及《中台湾区域发展之协调机制》[⑤] 等书中提到,跨域治理集中多层面的治理方式,不限于地

---

① 陈瑞莲,杨爱平. 从区域公共管理到区域治理研究:历史的转型[J]. 南开学报(哲学社会科学版),2012(2):48-57.

② 张京祥. 城市与区域管治及其在中国的研究和应用[J]. 城市问题,2000(6):40-44.

③ 李长晏,詹立炜. 跨域治理的理论与策略途径之初探[J]. 铭传大学主办"2004 国际学术研讨会"学术论文,2004.

④ 林水波,李长晏. 跨域治理[M]. 台北:五南图书出版公司,2005.

⑤ 李长晏,詹立炜. 中台湾区域发展之协调机制[M]. 台北;五南图书出版公司,2006.

方自治团体之间,还包括央地各级政府跨部门议题的解决。马奔(2008)认为,跨域治理就是一种以齐心协力、互助合作的方式而形成的跨组织、跨区域和跨部门的治理模式。① 张紧跟(2009)在《从区域行政到区域治理:当代中国区域经济一体化的发展路向》中指出,要提升一个区域的整体竞争力应该适时从区域行政向区域治理转型。②

在总结大陆及台湾关于区域治理相关概念的基础上,丁煌(2013)、叶汉雄(2013)提出:"跨域治理是指为了应对跨区域、跨部门、跨领域的社会公共事务和公共问题,政府、私人部门、非营利组织、社会公众等治理主体携手合作,建立伙伴关系,综合运用法律规章、公共政策、行业规范、对话协商等治理工具,共同发挥治理作用的持续过程。"③ 杨逢银(2015)在其博士论文中也提到,欧美学界最先提出跨区域治理这个词的概念,"其主旨是在改善各级政府府际关系的基础上,推进政府间合作行政,进而赋权、吸纳更多的社会力量与市场力量,以实现跨区域公共治理问题的多方协同治理"④。

综上所述,关于区域治理是指为了更好应对跨区域、跨部门、跨领域的社会公共事务和公共问题,政府、私人部门、非营利组织、社会公众等治理主体携手合作,建立伙伴关系,共同发挥治理作用的持续过程。

2.1.3 区域产业协同发展

从字面上理解,协同发展就是相互配合、共同协作,集合各方力量共同努力,从而实现单方无法实现的效果。从协同学角度来看,协同是指两个或两个以上的不同主体通过协调、合作,在共同完成某一特定目标或任务的过程中,实现各自能力的提升和总体业绩的倍增现象。⑤ 简单地说,就是两个或两个以上的不同主体通过合作,产生大于每个主体单独完成任务时所能够创造业绩的总和,即出现"1+1+1远远大于3"的协同效应。

由此可见,产业协同发展需要政府、市场、社会组织等多主体力量的

① 马奔. 危机管理中跨界治理的检视与改革之道:以汶川大地震为例[J]. 清华大学学报(哲学社会科学版),2009(3):147-152+160.

② 张紧跟. 从区域行政到区域治理:当代中国区域经济一体化的发展路向[J]. 学术研究,2009(9):42-49+159.

③ 丁煌,叶汉雄. 论跨域治理多元主体间伙伴关系的构建[J]. 南京社会科学,2013(1):63-70.

④ 杨逢银. 行政分权、县际竞争与跨区域治理[D]. 浙江大学,2015.

⑤ 赫希曼·哈肯著,凌复华译. 协同学——大自然构成的奥秘[M]. 上海:上海译文出版社,2001:21-37.

参与,有效整合区域之间的劳动力、资本、技术、制度等资源要素,通过加深并拓宽产业内及产业间的关联,构建跨行政区的合作链条,并推动产业的分工与合作,形成良性互动,促进资源、信息、技术的合作共享,以实现产业在区域间的优化布局乃至区域产业的一体化发展。长三角区域体育产业协同需要打破行政区划的束缚,将两省一市各区域之间的体育产业资源合理整合,共同形成统一的区域体育市场,体育商品和生产要素可以自由流动与优化组合,有效推动资源、技术等要素在长三角区域间的一体化流动,从而实现长三角区域体育产业结构的升级和产业的合理布局。

2.1.4 体育产业协调发展

关于产业协调发展的研究,学者们主要是针对产业结构的合理化、高度化问题展开的。周振华(1991)和宋海林(1994)认为协调是指产业间具有的相互转换能力和互补关系的和谐运动,主要从协调过程的视角,描述了在协调过程中各产业所表现出来的运动轨迹和变动结果,从产业结构合理化的角度来阐述产业协调发展问题。龚仰军(2002)将协调视作为了达成产业结构合理化的目标而采取的一种控制方式,其是从控制的角度,描述了为了达到目标而采取的控制方式,这样的协调是服务于控制的目的。李京文、郑友敬(1989)把产业结构协调定义为,通过产业结构调整,使各产业实现合理发展,并满足社会不断增长的需求过程。李京文等人则从产业协调发展的结果看,认为产业结构协调发展的结果表现为合理的产业结构。本书借鉴李京文和周振华的思路,从产业结构合理化的角度来研究体育产业协调发展。

2.2 理论基础

2.2.1 区域经济发展理论

区域经济是在一定地域范围内的经济活动,它反映了经济活动的区域特点以及在地域空间中的相互关系。区域经济发展理论主要以增长极理论、点轴开发理论、网络开发理论、中心—外围理论、城市圈经济理论等为代表。

2.2.1.1 增长极理论

增长极理论（Pole of Growth）最早是由法国经济学家佛朗索瓦·佩鲁（F. Perroux）提出的,后来法国经济学家布代维尔（J. B. Boudeville）、瑞典经济学家缪尔达尔（Gunnar Myrdal）、美国经济学家赫希曼（A.O. Hisehman）分别在不同程度上进一步丰富和发展了这一理论。

佩鲁认为,经济发展是一个支配单位起主导作用的不平等、不平衡的动态过程。富于创新的居优势地位的经济要素在经济空间中处于支配地位,而其他经济要素则处于受支配地位;处于支配地位的经济要素具有“推动”效应,它自身的增长和创新会诱导、推动其他经济要素的增长。增长极对周围地区的作用机理表现为两个方面:极化效应与扩散效应。极化效应是指由于增长极主导产业的发展,具有相对利益,产生吸引力和向心力,使周围区域的劳动力、资金、技术等要素转移到核心地区,剥夺了周围区域的发展机会,使核心地区与周围区域的经济发展差距扩大。扩散效应是与极化效应同时存在但作用方向相反的另一种地域变化过程,表现为经济要素从核心地区向外围扩散、延展,从而带动整个区域经济的发展。

20世纪60年代,布代维尔拓展了佩鲁的增长极理论。他基于外部经济和聚集经济的分析,将增长极推广到地理含义,认为经济空间不仅包含了一定地理范围相联系的经济变量之间的结构关系,而且也包含了经济现象的区位关系,强调增长极的空间特征及区域经济增长极出现的条件。他认为,区域增长极既是部门的,也是区域的;并同时把区域增长极概念界定为具有经济意义的推进型主导产业部门和具有地理意义的区位优越的地区两种含义。因此,增长极理论的基本点包括:第一,其地理空间表现为一定规模的城市;第二,必须存在推进性的主导工业部门和不断扩大的工业综合体。此外,布代维尔还指出极化区域应该具备的条件是:极化区域内的主导产业及其创新,主导产业与相关产业存在极化区域内。也就是说,布代维尔把区域增长极划分为由市场机制支配的自发生成的区域增长极(极化区域)和极化机制支配的诱导生成的区域增长极(极化区域)两种区域,突破了区域增长极的理论界限,并把理论延伸到区域经济发展政策上。

瑞典经济学家缪尔达尔是增长极理论的重要推动者,他使用回波和扩散的概念,说明经济发展极对其他地区的作用和影响,并指出经济发展过程在空间上并不是同时产生和均匀扩散的,而是从一些条件较好的地区开始,一旦这些区域由于初始优势而比其他地区超前发展,这些地区就能不断积累有利因素,从而进一步强化和加剧区域间的不平衡。其中,扩散效应是指一国(或一地)某一地区由于某种经济、技术或政策原因而兴建了大量企业,逐步形成了一个经济中心。这一经济中心不可避免地会向周边地区扩散和辐射,从而带动周边地区的经济增长,当周边地区经济发展后反过来又促进经济中心经济的发展,从而形成了一个上升的循环累积过程。回波效应是指一国(或一地)某一地区的经济中心的形成和发展引起其他地区的衰落。这通常是由于人才、资金、技术逐渐被从落后地区吸引到经济发达地区,从而使经济发达地区的经济更加发达,而不发达地区的经济越来越不发达,这就出现了一个下降的循环累积过程。缪尔达尔认为在纯市场机制的作用下,"回波效应"总是大于"扩散效应"。增长极总是表现为一种上升的循环的正反馈作用,连续积累对自己有利的因素,形成竞争优势。所以,他寄希望于政府采取积极的干预政策来刺激增长极周围地区的发展,以弥补累积性因果循环造成的经济差距,这就是缪尔达尔的关于区域增长极理论的精髓,即"自上而下的政府诱导式的区域增长极"理论。

著名发展经济学家赫希曼在产业经济学理论意义上的阐释进一步深化了增长极理论的意义。赫希曼认为,如果一个国家的经济增长率先在某个区域发生,那么它就会对其他区域产生作用。赫希曼把增长极(发达地区)对周围腹地(落后地区)经济发展的推动作用或有利影响称之为涓滴效应,解释经济发达区域与欠发达区域之间的经济相互作用及影响。但从长期来看,将恢复到一种相对均衡状态,这种力量主要来自政府的干预。在他看来,国家是一只新型的"看不见的手",具有一种均衡机制。赫希曼也承认,在发展过程中,增长极出现的必要性意味着增长在国际与区际的不平等是增长本身不可避免的伴生物和条件。但是,赫希曼坚信,极化效应的优势是短期的、暂时的,当"区域增长极"的增长达到一定规模后涓滴效应最终会大于极化效应而占据优势,原因是增长极的发展长期来看将带动其他地区的经济增长。另外,赫希曼强调经济部门或产业的不平衡发展,并强调关联效应和资源优化配置效应。他认为,发展的路径好比一个链条,从主导部门通向其他部门,不发达地区的发展战略就是选择若干战略部门投资,创造发展机会。在他看来,发展中国家应集中有限的资源和资本,优先发展少数"主导部门"尤其是"直接生产性活动"部门。

增长极的极化效应和扩散效应是同时并存的复合过程。由于增长极的极化效应和扩散效应并不相等,在部分发展中国家和地区,增长极的极化效应往往比扩散效应大得多,因此有些国家应用增长极的发展理论并未引发增长极腹地的快速增长或发展,落后地区的状态没有明显的改变,反而扩大了它们与发达地区之间的差距,特别是城乡之间差距的扩大。

增长极理论的实质是强调在区域经济的不平衡发展下,尽可能把有限的经济资源集中投入到发展潜力大、规模经济明显和投资效益较好的地区或产业,通过极化效应,强化增长极自身的发展效率和综合竞争力;通过扩散效应来带动周围地区和相关产业的发展,并引导整个区域经济的协调发展。在区域经济社会的不平衡发展条件下,资源、资金、人才、技术等经济要素往往聚集于某些优势地理空间或产业部门,并发挥巨大的集聚效应,实现地理空间或产业部门的快速发展,形成增长极。增长极的形成和发展,既能够释放出扩散效应,促进增长极的资金、人才、技术、信息和产品向周围地区和相关产业回流,实现经济要素、企业和产业部门的相对均衡分布和协调发展,逐步缩小区域之间和产业之间的发展差异;又可能由于极化效应的作用,过度吸引周围腹地的资源、资金和人才,抑制了周围腹地的发展,加剧经济发展的空间差异和产业发展的不平衡。

作为区域经济活动载体的增长极,具有多元化特征。一方面,既可以通过主导产业(群)的带动作用推进地区产业结构优化和升级,实现经济发展目标;另一方面,又可以通过城市增长极来带动周边区域经济社会的发展。增长极具有多层次性特征。中心城市通过"聚集"和"辐射"带动地级市等次增长极,地级市又与周围的小城镇以及经济腹地形成紧密联系,实现大中小核心城市的联动效用。随着发展程度的提高,各级各类增长极加速分化,形成整体结构合理、聚集辐射功能强的多层次、多极化和网络化的增长极体系。

增长极的形成和发展可以通过政府的合理规划加以引导,通过宏观调控来激励周围腹地及相关产业的快速发展,来平抑区域增长极在增长过程中所引致的区域势差,从而实现区域和产业的整体发展目标。

2.2.1.2 点轴开发理论

点轴开发理论是增长极理论的延伸,是由增长极与增长轴相结合而成的一种新的区域不平衡发展理论,最初由波兰的萨伦巴和马利士提出。点轴开发理论认为,随着增长极数量的增多,增长极之间的相互联结会得到加强,形成连接两个增长极之间的交通线,即发展轴。发展轴不仅具有增长极的所有特点,而且还具有比增长极更大的作用范围。随着经济的发展,增长极逐渐增加,增长极之间需要交通线相互连接起来形成轴线,来完成生产要素的交换。这些轴线一开始是为区域增长极服务的,但轴线一经形成,对人才、产业也具有吸引力,吸引人才、产业向轴线两侧集聚,并产生新的增长点。

点轴开发就是根据区域经济发展由点及轴的空间运行规律,合理选择增长极和各种交通轴线,并使产业有效地向增长极及轴线两侧集中布局,从而以点带轴、以轴带面,最终促进整个区域经济的发展。点轴开发比增长极模式对区域经济的带动作用更为有效。

我国学者陆大道基于点轴开发理论提出"T"字型国土开发战略,推动了该理论的新发展。陆大道认为经济中心总是首先集中在少数条件较好的地区,我国经济建设应该按沿海和沿长江"T"字型主轴线进行重点开发与布局。东部沿海和长江沿岸地带构成的"T"字型地域具有地理位置优越、经济技术雄厚、交通便捷等多项优势,应当作为全国重点开发的轴线,给予重点建设、重点布局和开发,以实现最佳的空间组合。魏后凯也认为,点轴开发模式是在增长极开发的基础上,由发展中地区所采取的一种有效空间组织形式,与增长极开发不同,点轴开发是一种地带开发,它对区域经济发展的推动作用要大于单纯增长极开发。

2.2.1.3 网络开发理论

网络开发理论是点轴开发理论的延伸。该理论认为,当经济发展到一定阶段后,随着增长极和增长轴影响范围的不断扩大,将会在一个较大区域内形成劳动力、商品、资金、技术信息等生产要素和交通、通讯关联在一起的网络。从内外两个方面进行网络开发可促进区域经济的发展:对内加强增长极之增长轴与整个区域之间生产要素交流的广度和密度,促进区域经济一体化,特别是城乡一体化的形成;向外延伸和拓展网络,加强与区外其他区域经济网络的联系,可对更多的生产要素在更大的空间范围内进行合理配置和优化组合,形成新的区域竞争优势。

2.2.1.4 中心—外围理论

中心—外围理论由劳尔·普雷维什在 20 世纪 40 年代最先提出,主要阐明发达国家与落后国家间的中心—外围不平等体系及其发展模式与政策主张。20 世纪 60 年代,弗里德曼将中心—外围理论的概念引入区域经济学。他认为,任何国家的区域系统,都是由中心和外围两个子空间系统组成的。弗里德曼认为,随着市场的扩大、交通条件的改善和城市化的加快,中心与外围的界限将会逐步变得模糊,甚至最终消失。实现区域经济协调发展,也就是说,在中心区把自己的机构扩展到外围区的过程中,中心区有可能在某些方面丧失进一步创新的能力,从而导致新的中心区在外围出现。弗里德曼还认识到区域经济协调发展也是一个社会和政治发展的过程,所以,他特别强调,政府与市场在促进区域经济协调发展中的作用缺一不可,既要强化市场对资源配置的基础性作用,又要充分发挥政府在促进区域经济协调发展中的服务作用。资源、环境、市场和技术等区域分布差异是客观存在的,伴随着某些区域的空间聚集的累积发展,就会赢得远远强于其外围地区的经济竞争优势,成为区域经济体系中的中心,从而导致了空间二元结构的出现,并随时间推移而不断强化。弗里德曼按照在研究中形成的空间极化发展理论模式,提出了核心地区发展战略,指出规划者应使核心地区从大到小"活"起来,也就是自大到小逐级创造有利环境条件,实行诱导厂商选择区位的公共投资政策,以达到利用"空间经济完全一体化"来取代不完善的"中心—外围"结构的目的。但是政府的作用和区际人口的迁移将影响要素的流向,中心与外围的界限会随着市场的扩大、交通的改善和城市化的加快而逐步消失,即最终区域经济持续增长,从而推动空间经济逐渐向一体化方向发展。

中心—外围理论对促进区域经济协调发展有重要的指导意义。政府与市场在促进区域经济协调发展中的作用缺一不可,既要强化市场对资源配置的基础性作用,促进资源优化配置,又要充分发挥政府在弥补市场不足方面的作用,并大力改善交通条件,加快城市化进程,以促进区域经济协调发展。

2.2.1.5 城市圈经济理论

20世纪50年代法国地理学家戈特曼(J. Gottman)在对美国东北部沿海城市密集地区进行研究时,提出了"Matropolitan"(都市圈)的概念。随着世界范围内工业化与城市化的快速推进,以大城市为中心的区域经济发展成为各国经济发展中的主流。各国理论界和政府对城市圈经济发展逐渐重视,并加强对城市圈经济理论的研究。城市圈经济理论认为,城市在区域经济发展中起核心作用。区域经济的发展应以城市为中心,以圈状的空间分布为特点,逐步向外发展。城市圈经济理论把城市圈域分为三个部分:一是一个首位度高的城市经济中心;二是若干腹地或周边城镇;三是中心城市与腹地或周边城镇之间所形成的"极化—扩散"效应的内在经济联系网络。按照戈特曼的标准,我国的大都市圈包括"长三角""珠三角""环渤海"。

城市圈经济理论把城市化与工业化有机结合起来,意在推动经济发展在空间上的协调,对发展城市和农村经济、推动区域经济协调发展和城乡协调发展,都具有重要指导意义。

2.2.2 产业发展理论

2.2.2.1 产业发展阶段理论

产业发展演进过程的核心是一个结构变化的过程,可以用产业发展或经济发展模式理论来描述。模式理论的研究对象是整个国民经济的演进过程,如果把长三角区域看作一个整体,同样适用于该理论。1960年,罗斯托撰写了《经济增长的阶段》一书。他吸收了德国历史学派的经济发展阶段划分法、熊彼特的创新学说、凯恩斯的宏观经济分析、哈罗德·多马模型等理论和方法,从世界经济发展史的角度,把人类社会发展划分为五个阶段:传统社会阶段、起飞前阶段、起飞阶段、向成熟推进阶段、大规模高消费阶段。1971年又补充了第六个阶段即追求生活质量阶段。其中第三、六阶段是社会发展的两次突变,也是最有意义的阶段。根据该理论,一个国家或地区要实现经济的起飞,必须具备三个相互关联的条件:第一,要有较高的资本积累率;第二,要建立能带动整个经济增长的主导产业部门;第三,要进行经济制度、社会结构、政治法律制度的变革以及意识形态的转变。罗斯托认为,主导产业部门的不断更替是经济增长几个阶段依次更替的客观原因。主导产业部门在国民经济中具有举足轻重的地位,拥有雄厚的资金以及技术创新和迅速采用新技术的能力,以自身的迅速增长带动这个地区乃至整个国民经济的增长。该理论同时指出,主导产业部门不是一成不变的,而是根据不同的发展阶段和条件不断演变的,强调了技术创新和进步是推动主导产业不断更替的主要力量,是经济增长的重要源泉。

体育产业各子行业间的初始禀赋、科学技术的发展以及社会需求等因素,使得产业间往往呈现一种不平衡增长模式,这种不平衡增长模式又将导致产业间数量比例的变化以及产业间相互地位、相互关联方式的变化,这就是体育产业的演变。体育产业在整个社会经济发展过程中是伴随着第三次产业发展,才能逐步启动、发展的产业。随着我国社会经济的快速发展,人们的价值观念和行为方式发生了深刻的变化。体育作为一种重要资源,逐渐衍生出产业价值,并在经济发展过程中呈现越来越重要的作用。从体育产业的发展阶段来看,在人们的价值观念调整和可支配收入提升的背景下,体育产品的有效需求逐渐递增,从而促使体育健身休闲娱乐业的持续扩大、体育竞赛表演业对公众的影响不断提高,由此衍生的体育相关行业的经济效益不断凸显,体育旅游业、体育传媒业、体育广告业、体育培训业、体育金融业等相关行业部门加速发展,进而加快体育用品制造和销售、体育组织管理、体育场馆管理等产业部门的发展。体育产业各部门间的联系不断被打破重构,当量达到一定程度,体育产业结构就会发生质的变化,新的主导产业将取代旧的主导产业,新的主导产业关联方式和数量比例关系形成,从而促使产业结构进入一个新的更高的水平。从量变到质变的不断螺旋式上升的过程,就是体育产业结构的演进过程。

2.2.2.2 区域主导产业理论

主导产业理论基于:在区域发展过程中,各个产业在地区产业系统中的地位、作用是不同的,其中有一个或几个产业处于主要的支配地位,构成地区的主导产业和主导产业群。现代区域经济成长的过程,实质上是产业部门的成长过程。地区产业结构的优化,本质上就是正确选择地区的主导产业,合理确定其发展规模和速度,以此为核心,协调地区主导产业与其他非主导产业的关系,既提高区内与区外经济上的互补性,又提高区内产业间的关联度。在社会经济发展的一定阶段,各个产业的发展速度、在产业结构中的地位、对国家经济的贡献是不同的,有些产业发展速度快,有些产业发展速度慢,有些产业甚至出现衰退和萎缩状态;有些产业在经济发展中对其他产业起引导、带动作用,而大多数产业处于从属地位;有些产业对国民经济增长的贡献巨大,整个经济的增长在一定意义上是这些产业的迅速增长所产生的直接或间接的效果,而有些产业对国民经济增长贡献小,甚至有些产业对国民经济增长起负作用。发展速度快、在产业结构中起引导和带动作用、对国民经济增长贡献大的产业就是主导产业。

在主导产业选择理论中,影响较大的是罗斯托的主导部门理论、赫希曼的不平衡增长理论和筱原三代平的两基准理论。

（1）罗斯托基准

美国经济学家 W.W·罗斯托在《从起飞进入持续增长的经济学》一书中将主导产业部门在经济起飞中的作用概括为三个方面:①后向关联效应,即新部门处于高速增长时期,会对原材料和相关投入品产生新的需求,从而带动一批产业部门的迅速发展;②旁侧效应,即主导产业会引起周围的一系列变化,这些变化趋向于更广泛地推进产业发展;③前向关联效应,即主导产业部门通过增加有效供给促进经济发展。可见,罗斯托基准是依产业部门间供给和需求的联系程度来确定主导产业部门的。

罗斯托剖析了经济成长阶段与主导部门更替之间的重要关系,特别是主导部门带动经济成长的传导过程,并探寻了一个产业部门之所以成为主导部门的决定因素。他认为,一个新部门可以视为主导部门源于:第一,这个部门在这段时间里,不仅增长势头很大,而且还要达到显著的规模;第二,这段时间也是该部门的回顾和旁侧效应渗透到整个经济的时间。但是,罗斯托的主导部门理论的不足之处在于缺乏可供操作的选择依据。

（2）赫希曼基准

美国发展经济学家艾伯特.O·赫希曼在其著名《经济发展战略》一书中,依据投入产出的基本原则,提出了依托后向联系水平确定主导产业的准则。赫希曼基准的意义在于:首先,突出后向关联意味着主导产业部门的选择以最终产品的生产部门为主,这样主导产业部门的市场需求就有保证;其次,由于主导产业具有强烈的中间产品需求倾向,这可以为支柱产业部门增长的中间投入部门提供市场。由此可见,赫希曼基准的出发点在于,由于不发达国家资本相对不足以及扩大资本形成能力的要求相当迫切,在这种情况下,基础产业的成长要靠市场需求带动供给。因此,可以把赫希曼基准理解为以需求带动供给增长的不平衡结构的选择战略。也就是说,体育主导产业部门的选择应依后向联系系数的大小顺序来进行。

（3）筱原基准

日本产业经济学家筱原三代平在1957年提出了"动态比较费用论",这一理论的内核是李嘉图的"比较成本说"和李斯特的"扶持幼小产业说"。筱原三代平认为,必须动态地看待产品生产的比较成本,从某一时点静态地看在比较成本中处于劣势的产业。为了准确选择有发展潜力、有带动作用的主导产业部门,筱原三代平提出了"需求收入弹性基准"和"生产率上升基准"。

需求收入弹性基准。需求的收入弹性,表示人均国民收入每增加一个单位时,对某一产品需求的变化。显然,随着人均国民收入的增长,收入弹性高的产品在产业结构中的比重将逐渐提高,选择这些产业为重点产业,符合产业结构的演变方向。收入弹性基准要求把积累投向收入弹性大的行业或部门,即政府应当重点支持那些能够提供尽可能多的国民收入的产业。

生产率上升基准,亦称比较生产率原则,以生产率上升较快作为主导产业的选择基准。在一定时期,各产业部门生产率上升幅度是不同的,生产率上升快的产业,相应地生产成本下降也快,经济效益较好,加快发展生产率上升快的产业就能提高整个社会的经济效益。生产率上升基准要求把积累投向生产率上升最快的行业或部门，优先发展代表先进技术和较高经济效益的产业。

需求收入弹性基准是从需求角度提出的面向市场的选择基准，生产率上升基准是从供给角度提出的立足于生产的选择基准。该理论成立的前提是：基础产业相当完善，不存在瓶颈制约，或者即便存在一定程度的瓶颈制约，但要素具有充分的流动性，资源能够在短期内迅速向瓶颈部门转移，尽快缓解瓶颈状态；产业发展中不存在技术约束，不存在资金约束。这两个基准的提出，使主导产业政策具有了坚实的理论基础。

2.2.3 产业协同发展相关理论

2.2.3.1 协同发展与协调发展

协调发展强调以系统论的方法用全局性的视角来处理发展中的问题，并以自组织理论为核心，以实现人的全面发展为目的，通过区域内的人才、资源、经济、科技、环境、资源等六个系统及各系统内部各元素间的相互协作、相互配合和相互促进而形成的社会发展的良性循环态势，它是一个客观存在的社会发展系统。由人才、社会、经济、科技、资源、环境元素构成，使系统内部的物质流、能量流、信息流、人才流和价值流运转合理有效并且形成协调发展系统。协调发展系统是一个自组织系统、开放系统、复杂系统、灰色系统、非线性系统。[①] 协同发展与协调发展都大量应用了系统论和自组织理论，同样以"可持续发展"为最终目标，但协同发展更强调协同理论的应用。协同理论认为：慢变量支配原则和序参量概念，认为事物的演化受序参量的控制，演化的最终结构和有序程度决定于序参量，并由此形成协同效应、伺服原理、自组织原理，由于其聚焦于发展问题的本质，使协同发展更具有操作性。

2.2.3.2 协同发展理论

协同学是研究开放系统内部各子系统之间通过非线性的相互作用产生的协同效应，使系统从混沌状态向有序状态、从低级有序向高级有序，以及从有序又转化为混沌的具体机理和共同规律的一种综合性理论。协同学由德国理论物理学家哈肯创立，于 20 世纪 70 年代开始形成。协同

---

① 王维国.协调发展的理论与方法研究[M].北京：中国财政经济出版社,2000.

学是研究不同事物共同特征及其协同机理的新兴学科,是近些年来获得发展并被广泛应用的综合性学科。协同学的主要观点是,在远离平衡态的开放系统,当序参量的作用逐渐增大到一定程度时,通过系统内部协同作用,不仅可以从无序到有序,也可以从有序到无序。

哈肯在 1981 年出版的《协同学:大自然构成的奥秘》一书认为,协同学试图从相当一般的角度探讨系统发展变化,它不仅关注无生命世界,也关注有生命世界,甚至涉及人类社会的精神领域。系统表现无序性,归根结底是因为其中存在着使系统表现不同状态的多种因素,这些因素相互竞争,却没有任何一种因素能取得压倒性优势的地位。但当客观条件到达某个关键点时,系统则往往只剩下两种或多种因素势均力敌,这时再加上某种偶然性的作用,就会使某种因素趋于主导地位,从而使系统呈现相应的状态。由于整个过程都是在一定的客观条件下自发产生的,是一种自组织的过程,而自组织过程通常需要与外界有能量或物质交换,所以无论是有序还是无序状态,都是多种因素共同作用的结果,这也是哈肯称其理论为协同学的重要原因。①

协同学立足揭示系统在外部参量驱动及内部子系统相互作用下,以自组织方式在宏观尺度上形成空间、时间或功能有序结构的条件、特点,以及从无序到有序演化的规律,以使系统形成协同效应。协同是指两个或两个以上的不同主体通过协调、合作,在共同完成某一特定目标或任务的过程中,实现各自能力的提升和总体业绩的倍增现象。②简单地说,就是两个或两个以上的不同主体通过合作,产生大于每个主体单独完成任务时所能够创造业绩的总和,即出现 1+1+1 远远大于 3 的效应。

2.2.3.3 区域经济一体化理论

通常可以认为,区域经济一体化即相对独立的经济区域在统一的发展机制下得到整合,形成新的具有内在联系性的经济体。随着要素流动障碍和交易费用的降低,经济一体化已经从区域范围扩展到全球范围,但区域经济一体化仍是经济一体化最主要的表现形式。丁伯根(1954)认为建立一个既包括了行政意义上的决策组织也包括了产业和企业层面的合作协同机制的"组织"进而提高市场效率即经济一体化。巴拉萨(1961)则认为"经济一体化既是一个过程,又是一种状态:就过程而言,它包括

---

① 赫希曼·哈肯著.协同学:大自然构成的奥秘[M].凌复华译.上海:上海译文出版社,2001.
② 赫希曼·哈肯著.协同学:大自然构成的奥秘[M].凌复华译.上海:上海译文出版社,2001:21-37.

旨在消除各国经济单位之间差别待遇的种种举措；就状态而言，则表现为各国间各种形式的差别待遇的消失"，并据此划分了经济一体化的阶段。朱金海（1995）[①]认为在区域内通过统一行政决策、建立共同市场、发挥企业的主体作用，进而形成在分工、资源配置、产业发展上的经济区域即区域经济一体化。

金铸（2003）[②]认为，表现为毗邻区域通过协调行政政策，实现制度创新而降低交易费用的区域经济一体化，其实质是区域内要素配置的整合、市场机制的优化和产业的协同发展，目的是为了通过经济一体化来实现新的区域竞争力的大幅提升。区域一体化涉及多个层面，既包括了区域经济、社会、文化的一体化，也包含了环境、制度层面的统一性，其本质包括了资源重组和新结构的形成。

2.2.3.4 区域产业协同发展的机制理论

区域经济在实现各种经济利益的过程中受到内部和外部因素的影响，会自发和非自发地形成合理的分工体系和新的经济关系。根据比较优势理论，区域内的所有城市都有参与区域分工的可能性，并从中获得相应的经济福利。而这种经济福利的获得又依赖于高效的市场机制和技术溢出效应。通过构建新的合作机制，可以使区域内每个城市都能在平等的经济地位上获得相应的经济报酬，增强个体和整体的经济实力。这种区域内产业协同发展的机制短期之内可能会带给部分城市负面作用，但将有利于区域产业整体长期稳定的发展。

区域经济产业协同机制指的是区域内的产业系统在内外各种因素的影响下，尤其是受到外部环境与竞争力要素之间的影响，进而实现产业的相互促进、相互依赖、相互作用以及相互影响，最终形成协同系统形成和发展的内在机制以及控制方式。其机制主要包含：动力机制、耦合机制、外部环境控制机制和自组织运行机制。

（1）动力机制。耗散结构理论认为，任何一个非平衡状态的系统都会受到外界因素的影响，这些影响会促使其通过系统内部的组成部分发生一系列的变化。当这些变化累积起来达到一定幅度之后，会对系统内部原有的结构和组织形式产生破坏性的影响。在这之后随着相同影响因子的聚合，系统最终会形成一个较为稳定而有序的状态，因此可以将这些

---

① 朱金海.论长江三角洲区域经济一体化 [J].社会科学，1995（2）：11-15.
② 金铸.区域经济一体化和"大北京"发展问题研究 [J].城市开发，2003（10）：22-25.

系统内部的变化视作新系统产生的动力源泉。

区域产业协同发展系统,会受到外界宏观和微观环境变化因素的影响而变化。这些变化主要作用在产业上,使产业发生各种复杂的乃至超越形态的变化,如催生出新的产业等。从这个角度而言,区域内产业的协同发展一直都是处在一个动态的变化过程之中。当这些表现在企业竞争力上的变化汇聚起来之时,表现出来的是整个产业的兴衰。通过区域内产业结构、规划、布局和政策的相互协调,影响产业发展的要素实现整合与共享,同时人才流动得到进一步发展,会有助于迅速形成区域内产业发展的有序状态,推进整个区域内产业的协同发展。因此,只有外部环境的变化才是促进整个产业系统发展的动力。

(2)耦合机制。系统内各个子系统之间通过依存、协调和竞争的动态联系,相互促进其竞争力的提升,最终提升整个系统的竞争实力的机制,即耦合机制。

区域产业协同发展的基础是各个产业的相互协同发展。这些产业之间,通过降低负和博弈的频率,提高对资源的利用效率,相互促进,相互影响,充分发挥产业技术的溢出效应,实现产业间竞争力的耦合与提升,其根本是各个产业之间的相互协调。通过建立相应的产业合作机制,可以进一步提高区域内各个产业间的耦合性,提高各产业的竞争力,最终带来区域产业总体竞争力的提升。

(3)外部控制机制。协同学认为对于一个开放系统来说,只有当外部的环境达到临界状态时,才会使系统向着更高级更有序的结构演变。作为一个开放型的经济系统,区域产业受外部环境的变化影响较大,而外部环境每次达到临界值都会影响区域产业协同发展的进程和方向,这些外部环境主要指的是国内外的经济环境、国家的政策环境、科技创新以及发展的环境等。

外部控制机制主要表现在外部环境对经济系统的集合控制,也就是说这种控制表现在外部环境对经济系统正负两方面的影响。当正面影响与负面影响同时存在时,正面影响在一定程度上会减弱。

(4)自组织运行机制。自组织性是协同学研究系统的基本特性之一,对于一个协同系统而言,当外部控制的参量达到一定的阈值时,则系统内的各个要素组织会被一种无形的力量组织起来,进而形成一个在时间上、空间上、功能上更加有序的结构。区域产业协同运行的自组织机制是其最本质的表现,外部环境的集合作用达到一定的程度时,就要求区域产业协同发展,此时区域产业以及区域的竞争力要素在内外环境的推动作用下,就会迅速地自发地组织成有利于提升区域产业竞争力的产业结构。这种竞争力较强的产业结构的形成是由于产业结构本身具有其自组织运行的自我推进、自我调节、自我控制、自我开放等能力。

3 长三角体育产业区域协同发展的基础分析

3.1 长三角体育产业的发展环境

3.1.1 体育产业发展环境解析

环境是指某一主体生存所处的空间及其中可以直接或间接影响该主体生存和发展的各种要素。"产业环境"是指对处于同一产业内的组织都会发生影响的环境要素。环境由环境要素构成,每个环境要素又由许多子要素组成。环境要素是指一个组织的活动、产品或服务中能与环境发生相互作用的要素,包含造成实际的和潜在的、不利的和有利的环境影响,环境要素是环境中相对独立且互相联系的基本组成部分。环境本身不仅是其组成要素的总和,也是其组成要素之间关系的总和。因此,研究产业发展的某一要素时,必须与其他要素联系起来进行全面考虑。

"体育产业发展环境",是指体育产业在发展提升过程中所处的空间以及这个空间中可以直接或间接影响发展的各种要素。同样,体育产业发展环境也是由环境要素构成的。按照要素的研究角度不同,发展环境可分为微观环境和宏观环境、内部环境和外部环境、自然环境和社会经济环境等。宏观环境包括政治环境(Politics)、经济环境(Economy)、社会环境(Society)、技术环境(Technology)。

分析和研究一个产业要看影响产业发展的环境要素特征。首先,体育产业发展环境是一个系统概念,具有整体性。环境是一个统一的整体,组成环境的每一个要素既具有相对独立的整体性特征,又存在相互之间的联系性、依存性和制约性。在具体分析研究各层面、各类别产业发展环境问题的同时,必须从整体观念出发,充分考虑各环境要素内部各个子要素之间关系、环境要素之间关系、环境要素与环境整体之间关系及其相互作用。体育产业发展环境不仅涉及产业界,而且与各级地方政府和社会经济系统密切相关,是个跨部门、跨地区的复杂集合,是个由各组成成分相互影响、相互作用构成的有机体。其次,体育产业发展环境是一个不断创新与发展的系统,具有复杂性与开放性。将体育产业发展环境视为不断创新与发展的系统,通过制度创新和组织创新促进体育产业的健康良性发展,这对处于发展初期的体育产业尤为重要。体育产业发展的主要环境因素不仅多种多样,而且层次不一,在识别各种因素的基础上,要将各环境要素有层次地分析描述。不同地区体育产业的发展环境具有其历史延续性与差异性。体育产业发展环境的差异性是指由于不同的行政区域、环境要素分类与特点的不同而体现出的产业发展环境的整体特性不同。从国际上体育产业的发展事实来看,各个地区的体育产业发展环境存在差异,资源禀赋情况、经济发展水平与结构特征、社会文化传统与居民生活方式乃至政策导向等环境要素均有所差异。

3.1.2 国内环境分析

3.1.2.1 体育产业发展的政策环境

我国体育产业政策发展起步较晚,1984 年党中央在总结中华人民共和国成立以来我国体育工作基本经验的基础上,发布《关于进一步发展体育运动的通知》,1986 年国家体委随即发布了《关于体育体制改革的决定》,明确提出了体育场馆等实行多种经营,由行政管理型向经营管理型过渡,从此开始了我国体育事业社会化、产业化进程。

1992 年国家体委召开的"中山会议",把体育产业问题作为体育改革的重要内容,这也意味着体育产业的地位得到国家体育部门的承认。随后在 1995 年,国家体委颁布了《体育产业发展纲要(1995—2010)》,它明确了体育产业的性质和属性,界定了体育产业的边界,提出我国体育产业发展的指导思想和目标以及政策措施。1996 年全国人民代表大会八届四次会议通过的《国民经济和社会发展"九五"计划和 2010 年远景目标》,进一步明确了"进一步改革体育管理体制,有条件的运动项目要推行协会制和俱乐部制,形成国家与社会共同兴办体育事业的格局,走社会化、产业化的道路"。[①]

进入 21 世纪,体育产业政策得到了重视,进入空前发展的阶段。

---

① 王子朴,原玉杰,詹新寰.我国体育产业政策发展历程及其特点 [J].上海体育学院学报,2008,32（2）：15–19.

2000 年国家体育总局发布了《2001—2010 年体育改革与发展纲要》，提出了未来十年的体育产业发展目标、基本战略以及加入 WTO 后的发展策略。同年 7 月，经国务院批准，国家计委、国家经贸委发布了《当前国家重点鼓励发展的产业、产品和技术目录》，将服务业中的大众体育设施建设列为当前国家重点鼓励发展的产业。2003 年 10 月《中共中央关于完善社会主义市场经济体制若干问题的决定》提出要"深化体育改革，构建群众体育服务体系，健全竞技体育体制，促进体育产业健康发展"。[①]2005年国务院第 40 号令颁布《产业结构调整指导目录》，其中"体育设施建设及产业化运营"被列为鼓励发展的其他服务业。2006 年 3 月通过的《中华人民共和国国民经济和社会发展第十一个五年规划纲要》中有了专门的关于发展体育产业的内容。2007 年 3 月《国务院关于加快发展服务业的若干意见》，提出要"大力发展体育和休闲娱乐等服务业，优化服务消费结构……加快事业单位改革，将营利性事业单位改制为企业，并尽快建立现代企业制度"。2014 年 46 号文件《关于加快发展体育产业促进体育消费的若干意见》的出台，为体育产业的快速发展提供了强劲的支撑，之后发展改革委、财政部、国家体育总局等部门或联合或单独先后出台了《关于抓紧做好国务院关于加快发展体育产业促进体育消费的若干意见落实工作的通知》《关于做好政府向社会力量购买公共文化服务工作的意见》《大型体育场馆免费低收费开放补助资金管理办法》《体育总局关于推进体育赛事审批制度改革的若干意见》《全国性单项体育协会竞技体育重要赛事名录》《体育总局关于全面清理不利于体育产业发展有关规定的通知》等文件，以及各类发展规划。表 3-1 梳理了国家层面的相关政策和明细。

表 3-1：政府文件中涉及体育产业发展的部分具体内容摘录

文件名称	发布时间	制定部门	具体内容
《中华人民共和国体育法》	1995.8	全国人大常委会	《体育法》指出：体育事业应当纳入国民经济和社会发展计划，体育工作需坚持以开展全民健身活动为基础，实行普及与提高相结合，促进各类体育协调发展，国家将推进体育管理体制改革，鼓励企业事业组织、社会团体和公民兴办和支持体育事业。强调了体育竞赛活动的公平性，对不合法的竞赛类体育活动也制定了处罚类的法律条例，成为保障体育事业全面健康发展的保障。

———————————

① 丛湖平.体育产业理论与实践 [M].北京：人民体育出版社,2006：67.

续表

文件名称	发布时间	制定部门	具体内容
《全民健身计划纲要》	1995.6	国务院	《全民健身计划纲要》指出：要把推行全民健身计划纳入国民经济和社会发展的总体规划，坚持群众体育与竞技体育协调发展的方针，以普遍增强人民体质为重点，加强领导，统筹规划，切实抓出成效，体育场地设施建设要纳入城乡建设规划，落实国家关于城市公共体育设施用地定额和学校体育场地设施的规定，任何单位和个人不得侵占体育场地设施或挪作他用，各种国有体育场地设施都要向社会开放，加强管理，提高使用效率，并且为老年人、儿童和残疾人参加体育健身活动提供便利条件。
《关于加快发展体育产业的指导意见》	2010.3	国务院	发展目标：①到 2020 年，培育一批具有国际竞争力的体育骨干企业和企业集团，形成一批有中国特色和国际影响力的体育产品品牌；②建立以体育服务业为重点，门类齐全、结构合理的体育产业体系和规范有序、繁荣发展的体育市场；③形成多种所有制并存，各种经济成分竞相参与、共同兴办体育产业的格局；④居民人均体育消费显著增加，体育服务贸易较快发展，体育产业从业人数占全社会就业人数比例明显提高，体育产业增加值在国内生产总值中所占比重明显提高。 重点任务：①大力发展体育健身市场；②努力开发体育竞赛和体育表演市场；③积极培育体育中介市场；④做大做强体育用品业；⑤大力促进体育服务贸易；⑥协调推进体育产业与相关产业互动发展。 政策措施：①加大投融资支持力度；②完善税费优惠政策；③加强公共体育设施建设和管理；④支持和规范职业体育发展；⑤加强体育无形资产开发保护；⑥加快体育市场法制化、规范化建设；⑦加快体育产业管理人才培养。
《关于加快发展体育产业促进体育消费的若干意见》	2014.10	国务院	发展目标：到 2025 年，基本建立布局合理、功能完善、门类齐全的体育产业体系，体育产品和服务更加丰富，市场机制不断完善，消费需求愈加旺盛，对其他产业带动作用明显提升，体育产业总规模超过 5 万亿元，成为推动经济社会持续发展的重要力量。 主要任务：①创新体制机制；②培育多元主体；③改善产业布局和结构；④促进融合发展；⑤丰富市场供给；⑥营造健身氛围。 政策措施：①大力吸引社会投资；②完善健身消费政策；③完善税费价格政策；④完善规划布局与土地政策；⑤完善人才培养和就业政策；⑥完善无形资产开发保护和创新驱动政策；⑦优化市场环境。

续表

文件名称	发布时间	制定部门	具体内容
《体育产业发展"十三五"规划》	2016.6	国家体育总局	发展目标：①产业总量进一步增长，总规模达3万亿，从业人员数超600万人，占GDP达1.0%；②产业体系进一步完善，体育产业各门类协同融合，业态丰富，层次多样，体育服务业增加值超过30%；③市场主体进一步壮大，建设50个国家体育产业示范基地，100个国家体育产业示范单位，100个国家体育产业示范项目；④产业基础进一步夯实，人均体育场地面积超过1.8平方米，体育消费额占人均居民可支配收入比例超过2.5%；⑤产业环境进一步优化。 主要任务：①优化市场环境；②培育多元主体；③提升产业能级；④扩大社会供给；⑤引导体育消费。 政策措施：①深化体制改革，增强发展活力；②强化政策落地，完善政策体系；③加大财政金融支持，吸引社会投资；④注重人才培养，强化智力支撑；⑤加强行业管理，推进基础工作；⑥加强组织领导，保障规划实施。
《"健康中国2030"规划纲要》	2016.10	国务院	《纲要》指出：到2030年健康服务能力大幅提升，完善的全民健身公共服务体系全面建立，基本建成县乡村三级公共体育设施网络，人均体育场地面积不低于2.3平方米，城镇社区实现15分钟健身圈覆盖，推行公共体育设施免费或低收费开放，扶持和引导基层体育社会组织发展；积极发展健身休闲运动产业，优化市场环境，培育多元主体，引导社会力量参与健身休闲设施建设运营，推动体育项目协会改革，进一步健全政府购买体育公共服务的体制机制，鼓励发展多种形式的体育健身俱乐部，丰富业余体育赛事，打造具有区域特色的健身休闲示范区、健身休闲产业带。

注：经相关资料整理而成。

体育产业发展的政策环境呈现了积极变化，形成政府支持引导、部门合作联动、机构社团参与、社会资本踊跃响应的局面。体育产业政策的出台取得了积极的效果，若干运动项目协会初步完成了实体化进程，若干机构从原来的事业型向企业型转变，以市场化方式运作的竞技体育赛事不断增多，健身娱乐市场日趋活跃，特别是我国体育用品业投资主体日趋多元化，并且出现了若干具有自主品牌的企业，有力地促进了我国体育产业的发展。

3.1.2.2 体育产业发展的经济环境

经济是一切事物发展的基础。经济基础决定上层建筑,衡量一个省份体育产业的发展环境,经济水平是一个不容忽视的重要指标。经济发展水平,规定和制约着体育发展的规模和速度。同时,政府也是我国体育产业链不可缺少的一个环节,在对体育产业发展必不可少的公共设施建设及资金引入方面发挥基础性作用。

近年来我国经济平稳较快发展,对体育产业发展带来积极影响。2016 年国内生产总值较上年增长 6.9%,达 827122 亿元,其中,第三产业增加值为 427032 亿元,占增加值比重的 51.6%,较上年增长 8.0%。人均国内生产总值为 59660 元,较上年增长 6.3%(详见表 3-2)。

表 3-2:2015—2017 年全国及长三角地区的经济发展水平

地区	年份	国内生产总值		人均国内生产总值		第三产业增加值		
		总值(亿元)	较上年增长(%)	总值(元)	较上年增长(%)	增加值(亿元)	较上年增长(%)	占GDP比重(%)
全国	2015	689052.10	6.9	50251	6.4	346149.70	8.2	50.2
	2016	743585.50	6.7	53935	6.1	383365.00	8.0	51.6
	2017	827121.70	6.9	59660	6.3	427031.50	7.7	51.6
上海	2015	25123.45	6.9	103796	6.9	17022.63	10.6	67.8
	2016	28178.65	6.9	116562	7.0	19662.90	9.6	69.8
	2017	30632.99	6.9	126634	6.8	21191.54	7.5	69.2
江苏	2015	70116.38	8.5	87995	8.3	34085.88	9.4	48.6
	2016	77388.28	7.8	96887	7.5	38691.60	9.8	50.0
	2017	85869.76	7.2	107150	6.8	43169.73	8.5	50.3
浙江	2015	42886.49	8.0	77644	7.6	21341.91	11.3	49.8
	2016	47251.36	7.6	84916	7.8	24091.57	9.7	51.0
	2017	51768.26	7.8	92057	6.6	27602.26	9.2	53.5

资料来源:由 2016—2018 年中国国家统计年鉴相关数据整理而成。

2016 年上海市地区生产总值较上年增长 6.9%,达 28178.65 亿元,其中,第三产业增加值 19662.9 亿元,占 GDP 比重为 69.8%,较上年增长 9.6%,人均地区生产总值 116562 元,较上年增长 7.0%;2016 年江苏省地区生产总值较上年增长 7.8%，达 77388.28 亿元，其中，第三产业增加值 38691.6 亿元，占 GDP 比重为 50.0%，较上年增长 9.8%，人均地区生产总值 96887 元，较上年增长 7.5%；2016 年浙江省地区生产总值较上年增长 7.6%，达 47251.36 亿元，其中，第三产业增加值 24091.57 亿元，占 GDP 比重为 51.0%，较上年增长 9.7%，人均地区生产总值 84916 元，较上年增长 7.8%。

人均 GDP 是衡量一个国家或地区富裕程度的重要指标，当人均 GDP 超过 3000 美元以后，体育产业将得到快速发展，因此整体经济发展水平的高低将直接决定一个国家或地区是否适合发展体育产业。相对而言，长三角区域体育产业发展的经济环境明显优于全国总体水平，无论是人均国内生产总值还是其增长速度，尤其是上海市第三产业占国内生产总值的比重达到 69.8%，这些经济环境要素有利于助推体育产业的发展。

3.1.2.3 体育产业发展的社会环境

体育产业发展有赖于社会资本的支持与资源的稳定供给。社会整体水平不断提高，才能源源不断地为体育产业提供生产资料、劳动力等资源，从而促进资源的有效吸收和转化，推动体育产业蓬勃发展，同时，体育产业的发展又能反过来促进社会经济的不断发展，使之产生良性循环。

社会环境要素中影响体育产业发展的一个要素是劳动力要素。例如，体育场馆兴建的目的主要是为了满足人们体育活动的需要，所以体育场馆一般兴建在人口密度相对较大的地区。但需要指出的是，人口密度和总人口数量具有完全不同的含义。因此，在广大的农村或城市郊区，尽管总人口较多，但由于人口密度相对较低，难以形成对场馆的集中需求，所以较少有体育场馆分布。

随着我国体育事业逐渐走向市场，体育消费成为人们现代生活消费的一个组成部分。当前来看，我国居民的体育消费结构略显单一，体育消费人口结构总体表现为男性多于女性，城镇多于农村，且表现出与居民收入水平有一定的关联性，经济发达地区人们的体育消费支出明显高于经济不发达地区，体育消费结构直接反映在我国体育场馆行业的发展中，在经济发达地区体育场馆建设密度明显较不发达地区高。

"健康中国"规划纲要的提出，使人们对健康有了全新的认识，体育健身已然成为人们生活的重要组成部分。体育产业形成与发展的基本条件是人们不断增长的物质文化需要。当人们的可支配收入处于较低水平时，其消费结构中的主体部分是解决温饱问题，即维持其生产生活的基本需求。随着社会的不断发展,人们的收入水平不断提高,同时可支配收入增加,与此相适应的消费结构则呈现多样性和多变性的特征,人们有更多的闲暇时间和闲余资金投入体育消费中,消费就是在人们需求结构不断变化过程中逐渐形成和发展的。因此区域经济总量的增长和居民收入水平的较快提高是保证体育产业发展的重要条件。城镇居民人均可支配收入是分析社会发展水平的一个重要指标,可以间接反映消费能力,体育产业是第三产业,是以服务性为主的产业,其对于居民的消费能力要求相对较高,与可支配收入密切相关。2016 年全国居民人均可支配收入 25974元,较上年增长 9.0%,扣除价格因素实际增长 7.3%,其中城镇居民可支配收入为 36396 元,而长三角两省一市的居民人均可支配收入分别为上海 54305.3 元、江苏 32070.1 元、浙江 38529 元。

2016 年全国居民人均消费支出为 18322 元,较上年增长 7.1%(扣除价格因素实际增长 5.4%),其中人均教育文化娱乐及其他用品和服务消费支出分别 2637.6 元、594.7 元,占总支出的 13.8%。长三角区域居民人均消费支出高于全国平均水平,上海、江苏、浙江居民人均消费支出分别为 37458.3 元、22129.9 元、25526.6 元,其中上海、江苏、浙江两省一市城镇居民人均教育文化娱乐和其他用品及服务的消费支出总额分别为 5635.6 元、3900.5 元、4097.6 元,均高于全国城镇居民的消费支出。体育产业中的体育用品属于社会消费品的行列,因此居民收入水平的提高和社会消费品零售总额的增长在一定程度上会促进体育用品消费额的增长。未来一段时间,我国经济增长模式将有所改变,从过去 30 年来以出口及基础建设投资为导向转向以国内消费为主要驱动。消费对经济的贡献率加大,体育产业发展有了坚实的基础。未来大众居民消费方式的转变必将成为影响体育产业走向的一个决定性因素。

此外,随着环境问题的日趋突出,在当代经济社会发展中,"循环经济""绿色经济""低碳经济"的理念不断深化,低碳经济正在越来越广泛地影响到经济生活和经济活动。低碳社会正引领着大众生活方式的变革。低碳生活方式是尽可能避免消费那些会导致二氧化碳排放的商品和服务,以减少温室气体产生的生活方式。大力提倡低碳生活方式,需要引导人们在衣、食、住、行、用各方面从传统高碳模式向低碳模式转变,减少"面子消费""奢侈消费";广泛开展低碳机关、低碳企业、低碳社区、低碳宾馆等低碳创建活动,提升公众的低碳生活意识。

3.1.3 长三角区域环境分析

3.1.3.1 长江三角洲概况

长江三角洲经历了从起初的自然地理概念到后来的社会经济概念，从一开始的小范围区域逐步扩展到大范围区域的发展历程。长江三角洲首先是一个自然地理概念，指的长江汇入东海前，由河水所含泥沙淤积而成的低平且呈三角洲形的陆地。后来，随着经济发展取得的靓丽成绩，长江三角洲更多地被赋予了社会经济概念，且其范围一直是在动态发展变化着的。上海、江苏、浙江的经济发达、联系紧密、功能综合的城市组成了长江三角洲的核心区。

长三角位于我国东部沿海经济带和横贯东西的长江经济带所形成的结构紧密的"T"字型发展态势的交接点上，是"一带一路"与长江经济带的重要交汇地带，交通条件便利，经济腹地广阔，拥有现代化江海港口群和机场群，高速公路网比较健全，公铁交通干线密度全国领先，立体综合交通网络基本形成。长三角区域地域紧密相连、人缘相亲、经济相通、文化相融，为区域体育产业协同发展的形成提供了良好的区位条件。长三角区域物质资源、资源配置和资源开发与利用处于较高水平，互补的经济发展态势已然形成。

目前，对长三角存在三种不同解释：第一种是范围较小的解释，是指由上海，江苏省的南京、苏州、无锡、常州、镇江、扬州、南通、泰州，浙江省的杭州、宁波、绍兴、嘉兴、湖州、舟山、台州16个城市组成的核心区域，这种解释是以2010年国务院批准的《长江三角洲地区区域规划》作为依据。第二种是范围较大的解释，是指由上海，江苏省的南京、无锡、常州、苏州、南通、盐城、扬州、镇江、泰州，浙江省的杭州、宁波、嘉兴、湖州、绍兴、金华、舟山、台州，安徽省的合肥、芜湖、马鞍山、铜陵、安庆、滁州、池州、宣城等26个城市组成的核心区域，这种解释是以2016年5月国务院批准的《长江三角洲城市群发展规划》作为依据。第三种解释所涵盖的范围最大，也称之为"泛长三角区域"，是指由上海市、江苏省、浙江省和安徽省等临近省份组成的核心区域，这种解释是以2016年8月住房和城乡建设部城乡规划司及中国城市规划设计研究院联合出版的《长江三角洲城镇群规划（2007—2020）》作为依据。本书中所涉及的长三角地区在第一种解释的基础上增加江苏盐城、浙江金华两市。

新中国成立后,计划经济时代,是长三角地区城市功能趋同阶段,在特殊的环境条件下,中国选择实施计划经济体制战略。各大城市大办工业,城市功能趋同,城市化进程缓慢。在此期间,长三角地区为全国的工业化发展作出了巨大贡献。十一届三中全会后,实行改革开放政策,长三角作为沿海地区,区位优势失而复得。但在整个 1980 年代,我国对外开放重点在珠三角地区,长三角地区仍以国有、集体、民营经济为主。"苏南模式"与"温州模式"便在这时得到壮大。邓小平南方谈话后,为了继续推动中国改革开放进程,长三角地区的协同发展得到党中央和国务院密切关注。1992 年,为了推动长三角地区经济联合协作以及实现区域治理,上海及苏锡常等 14 个市经协委(办)发起、组织并成立长江三角洲城市协作办(委)主任联席会。在此基础之上,上述 14 个城市于 1997 年与新成立的泰州市共 15 个城市通过平等协商,自愿组成了新的区域经济协调组织——长三角城市经济协调会,协调会每两年举行一次正式会议。2003 年 8 月,浙江台州被吸纳为正式会员。2005 年、2010 年,国家发展和改革委员会先后发布的《长江三角洲地区区域经济规划方案》中均将长三角地区的城市限定为上述 16 个城市。至此,长三角城市经济协调会基本形成了"15+1"的城市格局。在实际发展过程中,协调会对长三角地区的经济一体化发展的确起到了举足轻重的作用,不仅推动长三角地区的区域发展规划的统筹编制,更是降低了地方保护主义,一定程度上破除各地的行政藩篱。

不难发现,长三角区域的范围与规模一直是处于动态发展变化过程中的,且有逐渐扩容的趋势。此外,长三角城市经济协调会也已经名副其实地成为长三角一体化发展中的协调管理者,协调着区域内部各项经济事务的处理与重大项目的落实。

长三角体育基础设施建设力度在不断增加,一直走在全国的前列,这些投入已呈现出巨大的社会与经济效能。长三角的海陆空交通干线,成为连接区域内及区域间的纽带,有效地促进了体育资源要素的自由流动及体育产业的合理配置。长期以来长三角城市群十分重视体育专业教育,建设了大批国内外著名体育学府,良好的发展空间和环境培养并吸引了大量的优秀体育人才和国际体育专家。长三角突出的区位优势、优良的自然禀赋、强劲的综合实力、完备的城镇体系以及优越的人文环境,为体育产业协同发展提供了重要的基础条件。

3.1.3.2 长三角社会经济发展水平

经济是社会发展的重要动力,体育发展更需建立在经济基础之上。长三角经济总量和居民收入水平的持续快速增长是长三角经济区域体育产业合作与发展的重要动力,发展体育产业对拉动经济增长也有着积极的推动作用。长三角地区经济发达、产业结构优化、实力雄厚,这都为本地区体育产业发展提供了良好的外部环境和经济保障。

长三角区域大中小城市齐全,拥有 1000 万人以上的超大城市 1 座、特大城市 1 座、大城市 11 座、中小城市 35 座,各具特色的小城镇星罗棋布,常住人口城镇化率达到 68%(见表 3-3)。城镇间联系密切,区域一体化进程较快,省市多层级、宽领域的对话平台和协商沟通比较通畅。

表 3-3:长三角城市规模

规模等级	划分标准 (城镇常住人口)	城市
超大城市	1000 万人以上	上海市
特大城市	500 万～1000 万人	南京市
大城市	100 万～500 万人	杭州市、苏州市、无锡市、宁波市、南通市、常州市、绍兴市、盐城市、扬州市、泰州市、台州市
中等城市	50 万～100 万人	镇江市、湖州市、嘉兴市、金华市、舟山市、义乌市、慈溪市
小城市	50 万人以下	宜兴市、余姚市、常熟市、昆山市、东阳市、张家港市、江阴市、丹阳市、诸暨市、奉化区、东台市、临海市、海门市、嵊州市、温岭市、临安市、泰兴市、兰溪市、桐乡市、太仓市、靖江市、永康市、高邮市、海宁市、启东市、仪征市、兴化市、溧阳市

长三角是中国经济发展速度最快、经济总量规模最大的经济板块之一,也是三个国家级城市群中的金融中心。长三角城市的社会经济发展水平,可以从表 3-4、表 3-5 作出判断。福布斯中国大陆最佳商业城市排行榜的主要评价指标包括人才指数、城市规模指数、消费力指数、客运指数、货运指数、私营经济活力指数、经营成本指数以及创新指数。其中:人才指数指标包括每万人拥有大专以上学历人数、每万人拥有硕士以上

学位人数、普通高等学校在校大学生人数等指标；城市规模指数指标由城市国内生产总值、常住人口、户籍人口、城乡居民储蓄年末余额、年末金融机构各项贷款余额等指标；消费力指数指标包含人均可支配收入指标；客运指数和货运指数分别由公路、铁路、航空和航运四种交通方式加权计算；私营经济活力指数指标由城市规模以上私营及个体从业人员数、私营经济贡献率、私营个体从业人员占就业人口比重、三资经济贡献率、民营上市公司数量等指标构成；经营成本指数指标由劳动力成本、税收成本、能源价格、办公用地租金和企业四险负担等指标构成(此指数为逆向指标，即指数值越高，排位越低)；创新指数指标由新申请专利总量及人均量、专利授权总量及人均量、发明专利授权总量及人均量、国际专利/PCT 申请总量及人均量、科技三项支出占地方财政支出比例等指标构成。2015 年排行榜前 100 名中长三角城市占 27 席，其中 5 座城市进入前 10 名；2017 年排行榜前 100 名中长三角城市占 30 席，其中 4 座城市进入前 10 名。较 2015 年而言，2017 年有 18 座城市的综合排位上升，尤其是浙江的海宁市、江苏的太仓市排位分别上升了 38 位、34 位，浙江的余姚、慈溪两个县级市的排位也分别上升了 29 位和 28 位。江苏的宜兴市 2015 年新进榜单，2017 年又进一步上升至第 79 名，此外，浙江诸暨市、江苏靖江市、江苏溧阳市均进入前 100 位。长三角 2017 年中国大陆最佳商业城市独占 30 席，从人才、消费力、经济活力，乃至创新力上均优于全国的平均水平。长三角经济一体化的推进，促进了江浙沪三地资源共享、优势互补、互利共赢、共同发展，从而推动长三角地区、沿江地带以及全国经济快速发展，进而为体育产业的快速发展奠定基础，为区域协同发展提供可能。

3.1.3.3 长三角地区产业发展水平

（1）长三角地区产业发展总体水平

长三角地区滨江临海，环境容量大，自净能力强。气候温和，物产丰富，突发性恶性自然灾害发生频率较低，人居环境优良。平原为主，土地开发难度小，可利用的水资源充沛，水系发达，航道条件基础好，产业发展、城镇建设受自然条件限制和约束小，给当地的经济和各类产业又好又快的发展提供了十分优良的自然条件。

表3-4：2015年长三角地区部分最佳商业城市排行榜（位列福布斯前100的城市）

2015年排名	2014年排名	较2014年	城市	级别	所属省市	人才指数	R1	城市规模指数	R2	消费力指数	R3	客运指数	R4	货运指数	R5	私营经济活力指数	R6	经营成本指数	R7	创新指数	R8	综合得分
2	3	↑	上海	直辖市	上海	0.9523	5	1.0000	1	0.9519	3	0.6886	23	0.7593	10	0.6106	60	0.8579	7	0.9620	5	0.8224
5	6	↑	杭州	省会城市	浙江	0.9136	9	0.9322	9	0.9323	7	0.8893	6	0.7301	16	0.6037	63	0.8529	8	0.9677	4	0.8064
6	5	↑	南京	省会城市	江苏	0.9975	2	0.9195	11	0.9055	11	0.7451	17	0.7313	15	0.6804	48	0.9184	3	0.9311	7	0.8026
7	8	↑	宁波	计划单列市	浙江	0.6815	37	0.8901	13	0.8966	12	0.7705	13	0.8061	5	0.7593	25	0.7088	20	0.9197	8	0.8020
8	4	↓	无锡	地级市	江苏	0.6741	38	0.8889	14	0.7701	28	0.5352	37	0.5105	40	0.8524	12	0.5562	43	0.9551	6	0.7884
11	9	↓	苏州	地级市	江苏	0.7473	34	0.9547	7	0.8770	17	0.5928	30	0.1530	106	0.7413	30	0.7058	21	0.9949	3	0.7627
12	12	→	常州	地级市	江苏	0.6609	39	0.7364	35	0.9305	8	0.5213	39	0.3949	63	1.0000	1	0.5864	38	0.8826	10	0.7586
23	22	↓	南通	地级市	江苏	0.5012	59	0.8122	26	0.7362	36	0.3622	59	0.4065	60	0.8116	14	0.5280	46	0.7859	22	0.6953
31	32	↑	绍兴	地级市	浙江	0.4354	66	0.7174	36	0.9073	10	0.3979	53	0.1869	101	0.6937	46	0.5219	47	0.8066	19	0.6477
34	33	↓	镇江	地级市	江苏	0.6519	41	0.5648	58	0.7504	31	0.2261	90	0.2266	92	0.8090	15	0.3854	68	0.8033	21	0.6297
37	37	→	金华	地级市	浙江	0.4148	69	0.6117	50	0.6845	49	0.5952	29	0.3002	77	0.7312	34	0.4630	57	0.6440	45	0.6121
38	41	↑	嘉兴	地级市	浙江	0.4189	68	0.6299	47	0.6595	51	0.3656	58	0.2325	89	0.7698	24	0.4368	61	0.7166	36	0.6100
39	38	↓	昆山	县级市	江苏	0.5111	56	0.4936	65	0.9091	9	0.4291	50	0.0047	130	0.7561	27	0.5174	48	0.8608	11	0.6023
42	40	↓	扬州	地级市	江苏	0.5770	47	0.6388	45	0.6310	57	0.2226	95	0.2407	86	0.7915	18	0.5516	44	0.6317	46	0.5843
43	48	↑	台州	地级市	浙江	0.2148	104	0.6640	42	0.7398	33	0.4637	44	0.3271	72	0.5074	83	0.4725	55	0.7359	31	0.5841

续表

2015年排名	2014年排名	较2014年	城市	级别	所属省市	人才指数	R1	城市规模指数	R2	消费力指数	R3	客运指数	R4	货运指数	R5	私营经济活力指数	R6	经营成本指数	R7	创新指数	R8	综合得分
51	55	↑	盐城	地级市	江苏	0.3078	87	0.6949	38	0.4189	82	0.2249	92	0.2231	93	0.7413	30	0.2700	92	0.5087	64	0.5501
55	50	↓	江阴	县级市	江苏	0.2675	96	0.4522	73	0.8859	15	0.2630	81	0.2044	99	0.8476	13	0.5169	49	0.6150	48	0.5422
57	56	↓	张家港	县级市	江苏	0.3909	75	0.3283	89	0.8895	13	0.2053	100	0.0900	119	0.8032	16	0.4050	67	0.7586	25	0.5272
58	54	↓	常熟	县级市	江苏	0.3243	84	0.3016	95	0.8627	19	0.1915	101	0.1121	118	0.9069	7	0.4589	59	0.7741	23	0.5237
61	59	↓	泰州	地级市	江苏	0.3333	80	0.6020	51	0.6043	62	0.2918	75	0.1285	113	0.6159	58	0.4872	53	0.5904	53	0.5179
62	68	↑	义乌	县级市	浙江	0.1761	108	0.1545	108	1.0000	1	0.7543	16	0.5736	31	0.7032	40	0.3743	71	0.4498	73	0.5155
64	64	→	湖州	地级市	浙江	0.2642	97	0.3167	90	0.6863	48	0.2134	97	0.2185	95	0.7757	22	0.3093	84	0.6839	39	0.5013
73	71	↓	太仓	县级市	江苏	0.3383	79	0.1762	105	0.8877	14	0.1511	108	0.2068	97	0.7804	21	0.6952	22	0.7111	37	0.4524
79	80	↑	慈溪	县级市	浙江	0.0469	126	0.2145	102	0.8538	21	0.0346	128	0.0000	131	0.9439	4	0.4952	51	0.7320	32	0.4456
92	89	↓	海宁	县级市	浙江	0.2156	103	0.0252	128	0.8503	22	0.2145	96	0.0678	122	0.9783	2	0.3098	83	0.4453	75	0.4194
98	95	↓	余姚	县级市	浙江	0.0848	122	0.0968	118	0.8699	18	0.0600	126	0.0327	126	0.8947	9	0.5647	42	0.6711	41	0.4021
100		*	宜兴	县级市	江苏	0.2362	101	0.2052	103	0.5865	63	0.2710	77	0.1297	112	0.6259	56	0.4348	62	0.4846	66	0.3975

注:"↑""↓""→""*"分别代表排名比上年上升、下降、持平;"*"代表当年新上榜。

表3-5：2017年长三角地区部分最佳商业城市排行榜（位列福布斯前100的城市）

2017年排名	2015年排名	较2015年	城市	级别	所属省市	人才指数	R1	城市规模指数	R2	消费力指数	R3	客运指数	R4	货运指数	R5	私营经济活力指数	R6	经营成本指数	R7	创新指数	R8	综合得分
1	2	↑	上海	直辖市	上海	0.8248	4	1.0000	1	0.9203	2	0.7041	2	1.0000	1	0.8211	14	0.1999	3	0.5561	3	0.72289
4	6	↑	南京	省会城市	江苏	1.0000	1	0.3339	11	0.7212	19	0.2186	21	0.1945	11	0.6808	40	0.6269	6	0.3527	19	0.56184
8	11	↑	苏州	地级市	江苏	0.3221	29	0.4251	8	0.8336	7	0.3673	8	0.0455	82	0.8388	12	0.7157	10	0.5359	4	0.50373
10	5	↓	杭州	省会城市	浙江	0.6134	10	0.3917	9	0.7778	12	0.2718	15	0.1584	17	0.5379	86	0.6037	4	0.4087	8	0.48831
13	8	↓	无锡	地级市	江苏	0.2699	34	0.2382	22	0.6858	24	0.1874	24	0.0733	55	0.8453	10	0.8150	27	0.3768	14	0.43573
17	7	↓	宁波	计划单列市	浙江	0.2109	43	0.2838	15	0.7616	14	0.1970	22	0.2225	8	0.7210	30	0.7521	14	0.3574	16	0.42721
20	12	↓	常州	地级市	江苏	0.2288	40	0.1507	49	0.6193	30	0.1639	29	0.0535	76	0.9328	3	0.8785	56	0.2627	28	0.40895
24	31	↑	绍兴	地级市	浙江	0.1019	74	0.1466	51	0.7292	17	0.0460	57	0.0420	86	0.7265	28	0.8765	53	0.3832	11	0.37856
28	37	↑	金华	地级市	浙江	0.1063	73	0.1516	48	0.6321	27	0.0879	46	0.0305	94	0.9447	2	0.8548	46	0.2081	36	0.36537
29	34	↑	镇江	地级市	江苏	0.2481	37	0.0877	81	0.5090	41	0.0361	70	0.0299	95	0.7047	33	0.9198	74	0.2721	27	0.36516
31	39	↑	昆山	县级市	江苏	0.1541	55	0.0566	98	0.8250	10	0.0276	84	0.0011	128	0.7396	24	0.7383	12	0.3814	12	0.36377
33	38	↑	嘉兴	地级市	浙江	0.1194	69	0.1274	56	0.6935	21	0.0542	54	0.0871	47	0.6897	36	0.9037	67	0.2277	33	0.35877
36	23	↓	南通	地级市	江苏	0.1208	68	0.2271	28	0.4431	54	0.1792	26	0.0902	43	0.6730	43	0.9110	69	0.2366	31	0.35755
39	73	↑	太仓	县级市	江苏	0.1753	49	0.0054	124	0.8273	9	0.0105	113	0.1412	24	0.6682	45	0.7730	17	0.2363	32	0.35172
40	57	↑	张家港	县级市	江苏	0.2125	42	0.0313	103	0.8403	5	0.0249	86	0.0102	111	0.7661	20	0.7702	16	0.1727	46	0.35123
41	58	↑	常熟	县级市	江苏	0.1438	61	0.0358	101	0.8354	6	0.0136	104	0.0577	71	0.6358	58	0.7838	19	0.3082	23	0.35039
42	55	↑	江阴	县级市	江苏	0.1321	66	0.0475	100	0.8411	4	0.0281	83	0.0900	44	0.7224	29	0.8164	29	0.1838	42	0.34938
47	62	↑	义乌	县级市	浙江	0.0792	94	0.0236	105	1.0000	1	0.0908	43	0.0230	100	0.8028	16	0.8078	26	0.0911	81	0.34470

续表

2017年排名	2015年排名	较2015年	城市	级别	所属省市	人才指数	R1	城市规模指数	R2	消费力指数	R3	客运指数	R4	货运指数	R5	私营经济活力指数	R6	经营成本指数	R7	创新指数	R8	综合得分
51	79	↑	慈溪	县级市	浙江	0.0469	113	0.0246	104	0.7427	16	0.0020	127	0.0005	130	1.0000	1	0.8248	32	0.1768	44	0.33660
53	43	↑	台州	地级市	浙江	0.0706	100	0.1597	46	0.6478	26	0.1185	34	0.1040	36	0.5635	78	0.8909	59	0.1943	38	0.33627
54	92	↑	海宁	县级市	浙江	0.0826	92	0.0038	125	0.7718	13	0.0132	105	0.0058	119	0.9251	4	0.8540	44	0.1242	63	0.33522
55	64	↑	湖州	地级市	浙江	0.0855	88	0.0673	95	0.6125	31	0.0413	61	0.0612	67	0.6888	37	0.9102	68	0.2187	34	0.33355
59		*	诸暨	县级市	浙江	0.0417	117	0.0142	111	0.8071	11	0.0033	120	0.0061	118	0.5905	70	0.9005	65	0.2397	30	0.32148
64	42	↑	扬州	地级市	江苏	0.1761	48	0.1219	59	0.3502	73	0.0226	90	0.0581	69	0.7165	31	0.8665	49	0.1449	53	0.31387
67	61	↑	泰州	地级市	江苏	0.0907	84	0.1222	58	0.3805	63	0.1180	35	0.1061	34	0.5464	84	0.9312	82	0.1643	48	0.30981
69	98	↑	余姚	县级市	浙江	0.0626	105	0.0107	117	0.6921	22	0.0000	131	0.0018	127	0.8022	17	0.7840	20	0.1588	50	0.30461
73		*	靖江	县级市	江苏	0.1656	51	0.0000	131	0.4551	50	0.0076	116	0.0087	115	0.6282	61	0.9298	80	0.1273	59	0.30165
78	51	↑	盐城	地级市	江苏	0.0774	97	0.1712	42	0.2167	96	0.0354	71	0.0829	50	0.6477	54	0.9495	97	0.1459	52	0.29517
79	100	↑	宜兴	县级市	江苏	0.1163	70	0.0205	106	0.6202	29	0.0333	74	0.0093	113	0.5976	68	0.8495	39	0.0963	79	0.293321
96		*	溧阳	县级市	江苏	0.0778	95	0.0017	129	0.5159	40	0.0184	94	0.0075	116	0.5883	72	0.8998	64	0.0618	94	0.27299

注："↑"、"↓"、"→"分别代表排名比上年上升、下降、持平；"*"代表当年新上榜。

总的来说,自改革开放以来,长三角地区经过数十载的艰苦建设,产业体系已经完备,综合配套能力较强,产业集群优势十分明显。科教与创新资源丰富,拥有普通高等院校300多所,国家工程研究中心和工程实验室等创新平台近300家,人力人才资源丰富,年研发经费支出和有效发明专利数均约占全国30%。国际化程度高,中国(上海)自由贸易试验区等对外开放平台建设不断取得突破,国际贸易、航运、金融等功能日臻完善,货物进出口总额和实际利用外资总额分别占全国的32%和55%。可以说,长三角城市群的综合性产业基础已经较为雄厚,已具备发展为具有全球影响力的科技创新高地及全球重要的现代服务业和先进制造业中心的条件。

表3-6展示了2016年长三角地区各城市三次产业的静态基本情况。从各城市及三次产业的微观角度来看,2016年在全国范围内地区生产总值上万亿的城市共有12个,其中4座城市位于长三角,分别为上海、南京、苏州、杭州。就产业而言,2016年长三角地区三次产业的总产值分别为4024.89亿元、54866.22亿元、72277.7亿元,三次产业在全国的比值分别达到6.32%、18.52%、18.81%,18个城市地区生产总值在全国总量中占比达17.63%。可以说,长三角城市群在全国有着举足轻重的作用,且其对全国的经济发展也已做出了巨大的贡献。

表3-6: 2016年长三角地区各城市三次产业增加值(单位:亿元)

城市	地区生产总值	第一产业	第二产业	第三产业
上海	27466.15	109.47	7994.34	19362.34
南京	10503.02	252.51	4117.2	6133.31
苏州	15475.09	221.81	7277.46	7975.82
无锡	9210.02	135.19	4346.78	4728.05
常州	5773.9	152.7	2682.3	2938.9
镇江	3833.84	137.78	1870.4	1825.66
扬州	4449.38	251.49	2197.63	2000.26
南通	6768.2	366.1	3170.3	3231.8
盐城	4576.1	533.9	2050	1992.2
泰州	4101.78	240	1933.89	1927.89

城市	地区生产总值	第一产业	第二产业	第三产业
杭州	11050.49	304.84	3977.39	6768.26
宁波	8541.1	304.6	4239.6	3996.9
绍兴	4710.19	209.86	2319.17	2181.16
嘉兴	3760.12	143.85	1911.57	1704.7
湖州	2243.1	127.8	1058.1	1057.2
金华	3635.01	148.06	1585.61	1901.34
舟山	1228.51	130	489.34	609.17
台州	3842.81	254.93	1645.14	1942.74
长三角地区	131168.81	4024.89	54866.22	72277.7
全国	744127.2	63670.7	296236	384220.5
长三角 / 全国	17.63%	6.32%	18.52%	18.81%

数据来源：2017 年中国统计年鉴及长三角城市群统计年鉴。

为了从总体上分析长三角地区 18 个城市整体的产业结构现状，以 2016 年长三角地区 18 个城市第一、二、三产业的产业增加值占全市的地区生产总值的比重为指标，对长三角地区的三次产业结构进行比较与分析，结果如图 3-1 所示。

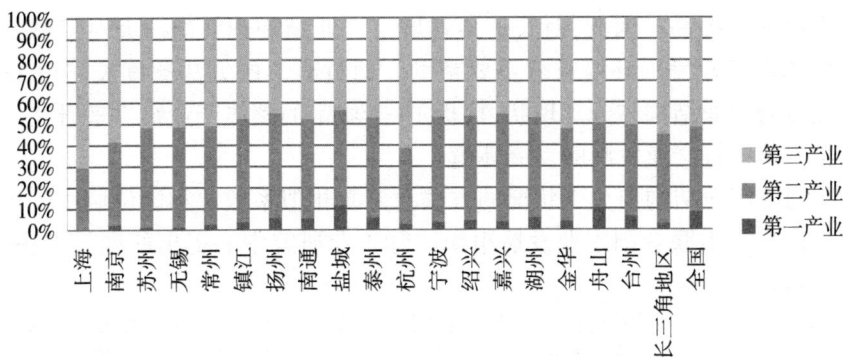

图 3-1：2016 年长三角地区各城市及全国三次产业结构对比

从图 3-1 可以看出，2016 年全国第一产业占国内生产总值的比重为 8.56%，第二产业的比重为 39.81%，第三产业的比重为 51.63%，全国的产业结构表现出了"三、二、一"的结构模式,第三产业成了我国的主导产业,占据着"半壁江山"。长三角地区总体而言同样实现了以第三产业为主导的产业结构模式,且第三产业比重为55.10%,高于全国比重。长三角地区中有10座城市的产业结构已经实现"三、二、一"的结构模式,分别为上海、南京、苏州、无锡、常州、南通、杭州、金华、舟山、台州,其中上海、南京、杭州这三座城市的第三产业比重高于全国第三产业比重。这体现了这三座城市的服务业职能较为突出,也体现了长三角地区以上海为中心城市,南京、杭州等城市为副中心的城市地位。镇江、扬州、盐城、泰州、宁波、绍兴、嘉兴、湖州8个城市的产业结构模式仍是"二、三、一",其中嘉兴、宁波、扬州、绍兴四市的第二产业比重都在49%以上,体现了这四个城市的工业产业较强,第三产业的整体发展水平有很大的拓展空间。当然,由于三次产业分类较为宽泛,上述分析并不能在一定程度上判断产业分工的实际现状。因为根据钱纳里工业化阶段理论[①],长三角地区大体都处于工业化后期阶段与后工业化社会阶段,基本都处于相类似的发展阶段。而处于同一和近似的发展水平和发展阶段的不同区域,其供给结构和需求结构必然有着很高的相似性,进而不同区域之间会形成相近的资源结构、生产函数和需求偏好,因此,在相似发展阶段的不同区域的大类产业结构必然会有高度的相似性。为此,需要进一步细分产业展开研究以充分了解长三角地区体育产业发展的区域产业结构状态。

(2)长三角地区产业结构状况

随着经济全球化和区域一体化的到来,区域发展的关键在于其内部各城市产业结构的优化、各产业分工与协作的增强及由此带来的经济一体化程度的提高。因此,对长三角各城市产业结构现状的研究对了解长三角体育产业发展环境有着重要帮助。通过科学的方法测度长三角18个城市的产业结构与分工现状,探析18个城市的整体产业结构来研究分析长三角体育产业发展的发展环境。

测度产业结构与分工状况的方法主要有相似系数法和区位熵法。相似系数法是由联合国工业发展组织国际工业研究中心提出的度量方法,

---

① 钱纳里工业化阶段理论:从经济发展的长期过程中考察了制造业内部各产业部门的地位和作用的变动,揭示制造业内部结构转换的原因,即产业间存在着产业关联效应,将不发达经济到成熟工业经济整个变化过程划分为三个阶段六个时期,其中第四阶段是工业化后期阶段,在第一产业、第二产业协调发展的同时,第三产业开始由平稳增长转入持续高速增长,并成为区域经济增长的主要力量。第五阶段是后工业化社会,制造业内部结构由资本密集型产业为主导向以技术密集型产业为主导转换,同时生活方式现代化,高档耐用消费品被推广普及。

算出任意两个区域产业结构的相似系数,且相似系数通常介于 0 和 1 之间。相似系数越大,表明两个区域之间的产业结构相似程度越大。虽然这种方法能总体上判断两个区域的产业结构相似程度,但并不能准确反映各产业内部的具体结构,而区位熵则能够解决这个问题。通过相关产业的就业人员或产值等指标,用公式计算出某区域的区位熵,从而得出该区域的相关产业的产业结构,最后再比较两个区域之间的产业结构的具体情况。

在分析长三角地区体育产业发展的外部产业发展状态时,对各城市的三次产业进行细分,具体分为 19 个子产业,其中:第一产业 1 个子产业,即农林牧渔业;第二产业 4 个子产业,包括采矿业,制造业,电力、燃气及水的生产和供应业,建筑业;第三产业 14 个子产业,分别批发和零售业,交通运输、仓储和邮政业,住宿和餐饮业,信息传输、计算机服务和软件业,金融业,房地产业,租赁和商业服务业,科学研究、技术服务和地质勘查业,水利、环境和公共设施管理业,居民服务、修理和其他服务业,教育业,卫生、社会保障和社会福利业,文化、体育、娱乐业,公共管理和社会组织。细分行业的标准与数据,皆来自《2016 年中国城市统计年鉴》。其中各城市数据为全市数据,包括其辖县和县级市。根据指标选取的可得性与代表性原则,选用城市相关产业的就业人员作为计算指标。利用区位熵判断长三角各城市的细分产业是否构成城市的专业化部门,区位熵大于 1,可以认为该产业是城市的专业化部门,区位熵越大,则专业化程度越高;如果区位熵等于或小于 1,则认为该产业是城市的自给性部门。

分别计算 18 个城市 19 个细分产业的区位熵 LQ_{ij}:

$$LQ_{ij} = \frac{l_j / l_i}{L_j / L_i} \qquad （公式 1）$$

公式中:i 代表城市,i=1,2,3,…,18;j 代表细分产业,j=1,2,3,…,19;l 及 L 分别代表城市单位就业人员与长三角地区单位就业人员。依据区位熵公式计算得出 2015 年长三角地区 18 个城市 19 个细分行业的区位熵,如表 3-7 所示。

表 3-7：2015 年长三角地区细分行业的区位熵

城市名称	农、林、牧、渔业	采矿业	制造业	电力、燃气及水的生产和供应业	建筑业	批发和零售业	交通运输、仓储和邮政业	住宿和餐饮业	信息传输、计算机服务和软件业	金融业	房地产业	租赁和商业服务业	科学研究、技术服务和地质勘查业	水利、环境和公共设施管理	居民服务、修理和其他服务业	教育业	卫生、社会保障和社会福利业	文化、体育、娱乐业	公共管理和社会组织
上海	2.010	0.037	0.837	0.739	0.218	2.093	1.965	1.812	1.659	1.451	1.779	2.411	1.758	1.200	2.490	0.818	0.921	1.340	0.881
南京	0.196	0.962	0.733	0.902	0.909	1.374	1.541	1.191	2.952	0.619	1.147	1.128	1.894	0.902	0.680	1.200	0.909	1.809	0.882
无锡	0.327	—	1.665	1.276	0.354	0.732	0.605	1.033	0.979	0.853	0.799	0.361	0.654	0.888	1.378	0.955	1.086	0.841	0.921
常州	0.206	—	1.407	1.245	0.512	0.493	0.642	1.290	0.402	1.038	0.650	0.789	0.880	1.612	0.183	1.359	1.374	1.567	1.169
苏州	0.021	0.184	2.046	0.549	0.230	0.592	0.508	0.683	0.602	0.633	0.847	0.454	0.405	0.687	0.433	0.585	0.642	0.453	0.652
南通	0.677	—	0.659	0.629	2.604	0.309	0.310	0.145	0.197	0.579	0.245	0.433	0.458	0.499	0.205	0.640	0.574	0.308	0.540
盐城	4.758	0.977	0.829	1.323	1.466	0.499	0.693	0.521	0.323	0.946	0.528	0.466	0.416	1.141	0.610	1.423	1.246	0.832	1.339
扬州	0.130	5.931	0.783	0.793	2.057	0.266	0.510	0.460	0.409	0.475	0.401	0.455	0.594	0.720	0.351	1.091	0.817	0.507	0.818
镇江	0.381	1.557	1.464	1.990	0.417	0.560	0.599	0.569	0.363	1.088	0.961	0.533	0.945	1.672	0.232	1.336	1.306	0.857	1.394

续表

城市名称	农、林、牧、渔业	采矿业	制造业	电力、燃气及水的生产和供应业	建筑业	批发和零售业	交通运输、仓储和邮政业	住宿和餐饮业	信息传输、计算机服务和软件业	金融业	房地产业	租赁和商务服务业	科学研究、技术服务和地质勘查业	水利、环境和公共设施管理业	居民服务、修理和其他服务业	教育	卫生、社会保障和社会福利业	文化、体育和娱乐业	公共管理和社会组织
泰州	0.432	0.009	0.815	0.784	2.157	0.380	0.559	0.210	0.261	0.569	0.359	0.351	0.304	0.633	0.197	0.822	0.808	0.434	0.806
杭州	0.086	0.278	0.695	0.754	1.237	1.077	0.855	1.193	1.730	1.149	1.586	0.996	1.499	0.979	1.041	1.071	1.187	1.211	0.977
宁波	0.066	—	1.283	1.002	0.808	0.655	0.884	0.506	0.351	1.388	0.671	1.025	0.593	0.919	0.547	0.932	1.136	0.955	1.170
嘉兴	0.164	—	1.686	1.582	0.308	0.510	0.514	0.555	0.263	0.893	0.953	0.825	0.570	1.221	0.170	1.170	1.204	0.966	1.114
湖州	0.073	1.454	1.100	1.600	1.179	0.634	0.383	0.815	0.359	1.183	0.649	0.351	0.436	1.131	0.197	1.109	1.231	1.028	1.341
绍兴	0.030	0.844	0.737	1.008	2.444	0.308	0.270	0.266	0.149	0.563	0.242	0.207	0.298	0.719	0.116	0.719	0.744	0.732	0.651
金华	0.116	0.244	0.475	1.123	2.191	0.308	0.565	0.428	0.349	1.085	0.307	0.508	0.279	1.557	0.361	1.144	1.319	0.839	1.509
舟山	5.653	2.618	0.648	1.097	0.668	2.423	1.726	5.540	0.999	0.640	0.869	0.914	0.502	1.109	4.721	0.558	0.729	1.750	1.121
台州	0.135	0.056	0.891	1.080	1.660	0.389	0.357	0.346	0.239	1.465	0.494	0.315	0.437	0.898	0.265	1.090	1.165	0.630	1.352

数据来源：整理计算《2016 年中国城市统计年鉴》所得。

表 3-7 的数据表明,从城市层面来看,上海市共有 12 个细分产业区位熵大于 1,是长三角地区产业专业化部门最多的城市,而且这 12 个细分产业中 11 个细分产业都属于第三产业,这也体现了上海作为长三角地区核心城市在升级现代服务业和发展高附加值产业、高增值环节中取得的成效。南京、杭州分别有 9、11 个细分产业区位熵大于 1,其中,南京的专业化产业及优势产业都集中于第三产业,除农林牧渔业外,其余细分产业稍低于 1,杭州的专业化产业及优势产业都集中于建筑业为主的第二产业以及计算机和软件为主的第三产业。苏州整体区位熵虽然较低,但考虑苏州经济实力与统计指标为单位就业人数,可以发现,苏州各产业效率比较高,用较少的人创造了较高的经济效益。宁波市的各细分产业区位熵都稍低于或稍高于长三角地区的平均水平,表明宁波市产业正处于综合性向专业性转变的发展态势。从产业层面来看,农林牧渔业区位熵大于 1 的城市主要有舟山、盐城等城市,其产业结构与长三角地区产业总体结构存在较大差异。与此同时,可以发现,有 11 个城市的电力、燃气及水的生产和供应业区位熵都大于 1,10 个城市的教育业区位熵大于 1,10 个城市的卫生、社会保障和社会福利业区位熵大于 1,9 个城市的公共管理和社会组织区位熵大于 1,9 个城市的建筑业区位熵大于 1,8 个城市的金融业区位熵也都大于 1,说明了长三角地区这些细分行业具有较强的外向性及对外辐射功能。表 3-7 的数据显示上海、南京、常州、杭州、湖州、舟山 6 个城市的文化、体育、娱乐业的区位熵大于 1,即表明这 6 个城市的文化、体育及娱乐业的专业化程度较高。此外,从区位熵的计算结果可以看出,长三角地区目前仍然存在着一定程度的产业同构以及产业分工不够合理的现象。

3.2 长三角体育产业的发展特征

3.2.1 长三角体育产业的总体特征

3.2.1.1 体育产业规模不断增长

全国体育产业的整体水平不断增长,2014 年全国体育及相关产业总产出达到 13574.71 亿元,产业增加值为 4040.98 亿元。据国家体育总局国家统计局联合发布《2015 年国家体育产业规模及增加值数据的公告》

的资料显示,2015 年,我国体育产业总产出为 1.7 万亿元,增加值为 5494 亿元。从 11 个大类来看,体育用品和相关产品制造业总产出和增加值最大,分别为 11238.2 亿元和 2755.5 亿元,占国家体育产业总产出和增加值的比重分别为 65.7% 和 50.2%,除体育用品和相关产品制造业、体育场地设施建设外的其他 9 大类的体育服务业总产出和增加值分别为 5713.6 亿元和 2703.6 亿元,占比分别为 33.4% 和 49.2%。2015 年体育及相关产业总产出比 2014 年增长了 26.02%,体育产业增加值增长了 35.97%。

长三角区域是我国体育产业起步较早、发展较快的区域,同时也是目前全国体育产业最为发达的区域之一。相关统计数据表明,2015 年,长三角区域体育产业总产出为 5589.66 亿元,增加值为 1812.93 亿元,分别占当年全国体育产业总产出和增加值的比重为 32.7% 和 33%。相较于 2014 年,总产出增长了 29.1%,增加值增长了 24.1%。

其中,上海市 2015 年体育产业总产出为 910.13 亿元,较 2014 年的 767 亿元增长了 18.6%,占当年全国体育产业总产出的 5.32%;江苏省 2015 年体育产业增加值达到 818.96 亿元,占当年全国体育产业增加值的 14.91%;浙江省 2014 年全省体育产业总产出为 1209.1 亿元,产业增加值为 354.8 亿元,占当年全国体育产业增加值的 8.78%。

表 3-8:长三角及全国体育产业增加值情况

	体育产业总产出（亿元）	占当年全国比重（%）	体育产业增加值（亿元）	占当年全国比重（%）
全国 2014 年	13574.71	100	4040.98	100
全国 2015 年	17107.0	100	5494.4	100
上海市 2015 年	910.13	5.32	351.22	6.39
江苏省 2015 年	2000	11.69	818.96	14.91
浙江省 2014 年	1209.1	8.91	354.8	8.78

3.2.1.2 体育产业的经济贡献显现

贡献率是分析经济效益的一个指标,是指有效或有用成果数量与资源消耗及占用量之比,即产出量与投入量之比,即某因素的增长量占总增长量(程度)的比重。一个产业在国民经济中的贡献率,即这一产业占国内生产总值的比重。2014 年全国体育及相关产业增加值占当年 GDP 的 0.64%,2015 年增加值占当年全国 GDP 的 0.8%。体育产业对长三角地区经济贡献率高于全国水平,2015 年长三角体育产业增加值占当年长三角地区生产总值的比重达到 1.13%,超过全国 0.8% 的水平,其对区域经济的贡献开始显现。

表3-9：长三角及全国体育产业的贡献率

	年份	体育产业增加值 （亿元）	国内（地区）生产 总值（亿元）	占当年 GDP 比重 （%）
全国	2014	4040.98	643974.0	0.64
	2015	5494.4	685505.8	0.80
上海	2015	351.22	25123.45	1.40
江苏	2015	818.96	70116.38	1.17
浙江	2014	354.8	40173.03	0.88

从两省一市的地区生产总值的贡献而言，上海市体育产业对该地区的经济贡献率最高，远远优于全国水平，甚至超过发达国家；其次是江苏省，体育产业增加值占地区 GDP 比重达 1.17%；浙江省体育产业占当年地区生产总值的 0.88%，在长三角区域暂居第三，但同样优于全国整体水平。

发达国家经验表明，体育产业对国民经济的贡献均较为显著，甚至成为国民经济的支柱性产业。到 20 世纪末，全球体育产业的总产值高达 4000 亿美元，澳大利亚、加拿大、日本、英国、德国、法国和意大利等发达国家的体育产业，总产值占国内生产总值（GDP）的 1%～1.5%，2013年全球体育产值达到 1.2 万亿美元，占全球 GDP 比重约为 2%。美国作为世界上体育产业最为发达的国家，其 1999 年的体育产业产值达到了 2130 亿美元，在美国国民经济各行业中仅次于地产业、零售贸易业、健康福利业、银行业和交通业，2010 年美国体育产业总产值达到 4410 亿美元，若将体育产业直接产值与间接产值加在一起，美国体育产业每年在国内生产总值上的贡献总和将接近 1 万亿美元；2011 年英国体育产业增加值约 380 亿欧元，占 GDP 的比重进一步上升到 2.33%，比 1994 年提高了 49.36%，体育产业国民经济贡献率在欧盟所有国家中排名第一，已经成为英国国民经济的支柱产业；2013 年德国体育产业产值为 731 亿欧元，占当年国内生产总值的 3.3%。21 世纪，体育产业的发展依然表现出强劲的势头，保持着年均 20% 的增长速度。在体育产业发达的北美、西欧和日本，体育产业的年产值已经进入了所在国十大支柱产业之列。

体育产业以其成本低、安全性高、渗透性强、辐射范围广的优势，成为各发达国家提高就业率，促进关联产业发展的主力产业部门之一，体育产业已成为许多发达国家经济新的增长点。体育产业在促进就业、带动相关行业发展方面起着举足轻重的作用。与国外相比，长三角体育产业的发展空间和潜力巨大。

3.2.1.3 体育产业结构渐趋合理

体育产业结构是指体育产业内各子行业之间的生产技术经济联系和数量比例关系。产业结构是影响经济发展的重要因素,是产业发展水平的重要标志。发达国家经验表明,产业结构向服务业转移已经成为一个普遍特征和发展规律,美国、英国、法国、德国、日本等发达国家体育服务业在体育产业中所占比重均超过60%,其中美国和英国体育服务业所占比重甚至超过80%。我国体育产业初期阶段,体育服务业占体育产业增加值通常仅有20%左右,相比国外体育产业占比60%而言,我国体育产业各子行业之间的相对地位是不协调的。但是,近年来整体结构趋于合理。

上海市2015年体育服务业(除体育用品和相关产品制造业、体育场地设施建设外的其他9大类)总产出和增加值分别为548.56亿元和276.09亿元,占比分别为60.27%和78.61%;浙江省体育服务业所占比重从2010年的12.3%增加到2014年的30.1%;江苏省体育服务业规模体量逐步提升,与健康、旅游、养老、文化等融合发展的一批新兴体育产业逐步壮大。两省一市基本形成健全的门类体系,基本业态包括健身休闲娱乐业、运动竞赛表演业、体育场馆服务业、体育培训业、体育装备制造业、体育彩票销售业、体育中介业等子行业,以体育旅游、运动康复、体育文创等为代表的新兴体育行业蓬勃发展,产业结构不断完善和优化,尤其是体育服务业的份额逐年增加。

3.2.2 两省一市体育产业的发展特征

3.2.2.1 上海市体育产业发展特征

(1)整体规模持续增长

表3-10的相关数据显示,上海市体育产业的整体规模持续上升。2010年上海市体育及相关产业总产出263.09亿元,从业人员13.36万人,实现增加值100.20亿元,占当年地区GDP的比重为0.58%;2011年全市体育及相关产业总产出290.51亿元,从业人员13.75万人,实现增加值112.42亿元,占当年上海GDP的比重为0.59%,全市体育及相关产业总产出增加27.42亿元,创造增加值总量增加12.22亿元;2014年,全市体

育产业总产出 767 亿元；2015 年全市体育及相关产业总产出 901.13 亿元，实现增加值 351.22 亿元，占当年上海 GDP 的比重为 1.40%。较 2010年，2015 年上海市体育及相关产业总产出及增加值大幅提升，分别增加了 647.04 亿元、251.02 亿元。

表 3-10：上海市 2010 年、2015 年体育产业总产出及增加值

	2010 年		2015 年	
	总产出 （亿元）	增加值 （亿元）	总产出 （亿元）	增加值 （亿元）
体育管理活动 （原名：体育组织管理活动）	13.83	9.62	26.26	17.96
体育场馆服务 （原名：体育场馆管理活动）	17.66	11.68	15.59	11.62
体育健身休闲活动	20.91	9.69	40.38	25.84
体育中介服务 （原名：体育中介活动）	11.91	3.94	6.81	1.42
体育用品及相关产品制造 （原名：体育用品、服装鞋帽制造）	136.96	34.96	346.06	71.25
体育用品及相关产品销售、贸易代理与出租 （原名：体育用品、服装鞋帽销售）	35.1	18.45	350.77	170.06
体育场地设施建设 （原名：体育建筑）	3.24	0.84	15.51	3.88
其他体育服务	23.48	11.02	108.75	49.19
总计	263.09	100.2	910.13	351.22

备注：由于 2015 国家统计局发布的《国家体育产业统计分类（2015）》与 2008年发布的《体育及相关产业分类（试行）》统计指标的分类及命名上有差异，这里的"其他体育服务"指标，2010 年数据包含"体育培训和体育彩票"，2015 年数据中包含"体育竞赛表演活动、体育培训与教育、体育传媒与信息服务、其他与体育相关服务"。

（2）产业结构日趋合理

上海市体育产业结构日趋合理，2010 年体育组织管理活动、体育场馆管理活动、体育健身休闲活动、体育中介活动、体育培训等其他体育服务等体育服务业占体育产业的比重达 64.27%，2015 年体育管理活动、体育竞赛表演活动、体育健身休闲活动、体育场馆服务、体育中介服务、体育培训与教育、体育传媒与信息服务、其他与体育相关服务等体育服务业

占体育产业的比重达 78.61%，体育服务业的整体发展水平已经在国内领先，尤其是其他与体育相关服务、体育健身休闲活动、体育传媒与信息服务、体育管理活动、体育竞赛表演活动等子行业所创造的增加值逐渐开始提升。

表 3-11：上海市 2010 年、2015 年体育产业增加值及占比情况

	2010 年		2015 年	
	增加值（亿元）	占当年上海体育产业的比重（%）	增加值（亿元）	占当年上海体育产业的比重（%）
体育管理活动（原名：体育组织管理活动）	9.62	9.60	17.96	5.11
体育场馆服务（原名：体育场馆管理活动）	11.68	11.66	11.62	3.31
体育健身休闲活动	9.69	9.67	25.84	7.36
体育中介服务（原名：体育中介活动）	3.94	3.93	1.42	0.40
体育用品及相关产品制造（原名：体育用品、服装鞋帽制造）	34.96	34.89	71.25	20.29
体育用品及相关产品销售、贸易代理与出租（原名：体育用品、服装鞋帽销售）	18.45	18.41	170.06	48.42
体育场地设施建设（原名：体育建筑）	0.84	0.84	3.88	1.10
其他体育服务	11.02	11.00	49.19	14.01
总计	100.2	100	351.22	100

备注：同表 3-10.

体育健身休闲活动的增加值由 2010 年的 9.69 亿元上升到 2015 年的 25.84 亿元；体育管理活动的增加值由 2010 年的 9.62 亿元上升到 17.96 亿元；其他体育服务的增加值增长尤其突出，当然这之中有 2010 年与 2015 年统计指标分类上不同的原因，但还是能反映体育服务业快速发展的这一事实。此外，体育用品及相关产品销售、贸易代理与出租（原名：体育用品、服装鞋帽销售）业态的增长速度以及在体育产业中所占

的比重更显突出,2015 年增加值占上海市体育产业总增加值的 48.42%。
体育产业的各子行业间是相互依赖、相互影响的关系,同时也是相互服务
和相互促进的。体育健身休闲活动、体育竞赛表演活动、体育管理活动、
体育场馆服务等子行业的快速发展,可以为体育用品、服装、鞋帽及相关
体育用品的制造和销售、贸易代理与出租、体育场馆建设等相关产业提供
市场依托,进而影响体育培训与教育、体育传媒与信息服务、其他与体育
相关服务等相关体育产业的发展,由此表明合理的产业结构有利于体育
产业的快速发展,同时也推动健身休闲、体育旅游、运动康复等新兴行业
的发展。体育竞赛表演、健身休闲、体育用品制造等产业集群初步形成,
体育知识产权服务、体育咨询服务、体育金融与资产管理服务、体育中介、
互联网体育、体育产品和衍生品设计等新业态不断涌现。体育与旅游、文
化、金融等产业的融合趋势明显,体育场馆设施、体育赛事活动等核心资
源的开发运作步伐加快,市场活力进一步激发。

　　上海市 2015 年体育竞赛表演业的总产出和增加值分别为 23.35
亿元、14.95 亿元,当年全国该行业的总产出和增加值分别为 149.5 亿
元、52.6 亿元,上海占当年全国体育竞赛表演业的比重分别为 15.62%、
28.42%,由此可见上海体育竞赛表演业在全国体育竞赛表演业中的贡
献。上海市已逐步形成了较为完善的体育竞赛表演市场,近年来年均举
办 130 余次的全国性以上的各类体育赛事,其中,国际性赛事占 40%。
F1 中国大奖赛、上海 ATP1000 网球大师赛、上海国际马拉松赛、国际田
联钻石联赛、高尔夫球世界锦标赛、世界斯诺克上海大师赛、崇明国际自
盟女子公路世界杯赛、上海环球马术冠军赛、上海国际飞镖公开赛、短道
速滑世界锦标赛等品牌顶级赛事已然成为重要的城市名片,无论是商业
型赛事还是竞技体育类赛事的国际影响力均显著提升。体育竞赛表演业
的生产需要运动员、教练员、裁判员、赛事管理人员、工作人员、运动场地、
各类运动设施设备、测量仪器设备等中间需求产品和服务(即投入品),再
通过赛事组委会、单项运动协会、职业俱乐部、职业体育联盟、训练服务部
门、科技服务部门、信息服务部门等生产部门才能生产出最终产品(即体
育竞赛产品)。体育竞赛表演产业可以形成完整的产业链条,有助于体育
产业的整体发展,体育竞赛表演业是以运动员的竞赛表演为对象,以满足
消费者观赏高水平竞技表演需求从而获得最大化利润为目标,以从事策
划、组织各类体育比赛或体育表演的竞赛体育俱乐部、各级各类运动项目
体育协会或社会体育组织及同类企业或赛事公司为主体的经济活动的集
合,当然,体育竞赛表演产业还包含门票运营、媒体转播权运营、广告赞助
运营、商务开发运营、运动员或球员转会运营等各方面的经济活动,并进

而间接推动体育服装、体育旅游、体育用品等相关产品产业市场。

（3）供需市场逐步优化

从供给市场来看，上海市的各类体育企业发展迅速，篮球、足球、排球、网球、乒乓球等各类项目先后成立职业俱乐部；上港集团、久事集团、绿地集团、东浩兰生集团等企业布局体育产业，耀宇文化传媒、网映文化传媒等文化传媒企业参与赛事运作；阿里体育、虎扑体育、百视通、PPTV等各类体育产业主体呈现良好的发展态势；美帆游艇、盛力世家、飞扬冰上等一批具有引领性的体育新兴企业蓬勃发展；体育公关、策划、经纪等各类体育中介企业不断涌现，体育供给市场不断丰富并优化。

从体育需求市场来看，上海市居民的体育消费需求日益增加，随着人们价值观念及生活方式的转变，各类健身类、观赏类、康复类体育消费需求和消费水平不断增加，如路跑、击剑、羽毛球、帆船、航空等各类新兴的运动项目的观赏以及体验式消费日益成为体育消费时尚，各类传统的健身活动消费及传统项目的赛事观赏、特色体育项目消费也呈增长的趋势。此外，群众性体育赛事和体育文化活动也不断丰富，尤其是青少年人群的体育消费需求也呈增长趋势。

（4）发展面临的不足

上海市体育产业的总体发展格局虽处于起步阶段，与国际知名体育城市相比，也面临这样或那样的不足，但是从整体规模而言其经济贡献率及产业结构均在国内开始领先，尤其是国际赛事、品牌赛事等体育赛事的影响力，在国内领先。当然，体育产业的发展一样面临困境和不足：体育产业的主体不够丰富，体育骨干尤其示范企业的竞争力有待进一步提升；体育场馆的整体利用率不高，资源配置不够合理，资源优势尚未充分显现；体育赛事运作的组织、机构、运行需进一步健全；健身休闲有效供给不足，大众体育消费还需要进一步激发；有利于体育产业发展的各项制度环境有待进一步完善。加强长三角区域体育产业的合作，建设相应的公共平台，完善内外部的制度建设以推动整个区域体育产业的发展，是下一步方向。

3.2.2.2 江苏省体育产业的发展特征

（1）整体规模特征

江苏体育产业实现快速增长。2010 年江苏省体育产业增加值364.51 亿元，占全省生产总值的 0.87%；2011 年江苏省体育产业增加值448.18 亿元，占全省生产总值的 0.92%，体育产业从业人员 37.69 万人；2012 年，体育产业增加值 535.73 亿元，占全省生产总值的 0.99%，体育产业从业人员 41.45 万人；2013 年体育产业增加值 640.2 亿元，占全省生产总值的 1.09%，体育产业从业人员 45.59 万人；2014 年体育产业增加值为 716.82 亿元，2015 年体育产业增加值为 818.96 亿元，占全省生产总值比重为 1.17%。

表 3-12：2010 年、2012 年江苏省及各地级市的体育产业情况

地区	2010 年			2012 年		
	体育产业增加值（亿元）	占全省体育产业比重（%）	占当地生产总值比重（%）	体育产业增加值（亿元）	占全省体育产业比重（%）	占当地生产总值比重（%）
江苏省	364.51	100.00	0.87	535.83	100.00	0.99
南京市	53.19	14.59	1.06	80.19	14.97	1.11
无锡市	46.04	12.63	0.79	69.62	12.99	0.92
徐州市	20.56	5.64	0.71	32.74	6.11	0.75
常州市	27.47	7.54	0.92	40.39	7.54	1.02
苏州市	89.76	24.62	0.97	124.91	23.31	1.04
南通市	34.91	9.58	1.02	49.05	9.15	1.08
连云港市	8.91	2.44	0.77	12.91	2.41	0.81
淮安市	9.62	2.64	0.71	14.72	2.75	0.76
盐城市	17.65	4.84	0.77	25.92	4.84	0.83
扬州市	19.82	5.44	0.89	27.43	5.12	0.93
镇江市	15.53	4.26	0.79	24.39	4.55	0.92
泰州市	13.89	3.81	0.69	21.54	4.02	0.8
宿迁市	7.16	1.96	0.7	12.02	2.24	0.79

备注：表格数据根据网络相关资料整理而成。

江苏省各地级市的体育产业整体规模如表 3-12、图 3-2 所示。江苏省各地级市体育产业的经济贡献率，苏州市居首位，2010 年、2012 年产业增加值分别占当年全省体育产业的 24.62%、23.31%；其次是南京市，分别占当年产业增加值的 14.59%、14.97%；第三位是无锡市，2010 年、2012 年分别占当年产业增加值的 12.63%、12.99%。三个地区体育产业的规模累计达 50% 以上，可见苏州、南京、无锡三地对体育产业的整体贡献率。从各个地区体育产业对当地生产总值或者说当地经济的贡献率而言，南京市以及南通市占地方生产总值的比重均超过 1%，此外，苏州市、常州市

在 2012 年体育产业产值占地方生产总值的比重也超过了 1%，这四个地区体育产业对经济的贡献已经开始显现。

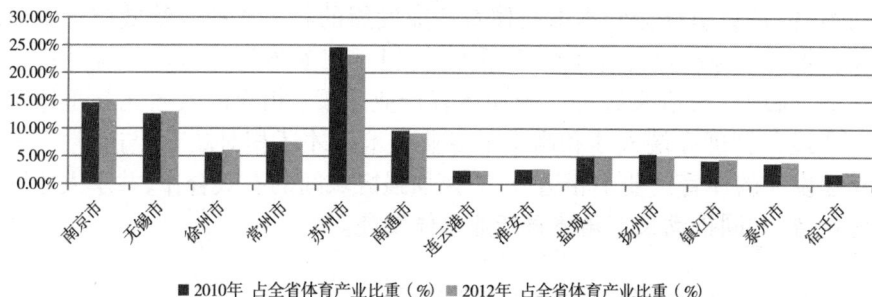

图 3-2：江苏省各地级市体育产业的经济贡献率

（2）产业体系不断健全

体育产业的行业体系基本健全。逐步形成了以体育健身休闲、体育竞赛表演、体育场馆服务、体育培训服务、体育用品制造、体育服务贸易、体育彩票销售等为主导的体育产业体系，以及以体育旅游、体育康复、体育传媒等为代表的新兴体育产业，体育产业结构进一步完善和优化。

（3）产业影响力不断增强

江苏省是国内最早提出体育产业引导资金的省份，在十二五期间先后累计投入 4 亿元体育产业发展引导资金，通过引导资金不但优化了体育产业的发展环境，拉动社会力量投资办体育，进而推动了体育产业的快速发展。体育产业引导资金的设立，对全国以及其他省市体育产业的发展产生示范效应。

江苏省体育产业已然形成了相应的特色品牌，如：以江苏省五台山体育中心、南京奥体中心等为代表的大型公共体育场馆运营管理的品牌；江苏共创、江苏金陵、南京边城、江苏康力源等一批知名的体育用品制造和销售类国家体育产业示范单位；打造环太湖国际公路自行车赛、扬州鉴真国际半程马拉松赛等体育赛事品牌；勾画江阴海澜国际马术俱乐部、江苏红山体育公园等体育旅游度假区，江苏红山体育公园被评为国家体育产业示范项目。无论大型体育场馆运营，亦或体育赛事策划，亦或国家体育产业示范基地、示范单位、示范项目的确立，均提升了江苏省体育产业的影响力。

（4）发展面临的不足

江苏省体育产业在长三角区域乃至全国均有其独特的影响力，但是在发展过程中仍然存在着相应的瓶颈及不足。体育产业总体规模有待进一步提升；体育服务业在地区体育产业结构中的占比不尽合理，产业结构需要进一步优化；缺少高端体育赛事品牌以及在国内有影响力的龙头体育企业；体育引导资金的不断投入，虽然促进并提高了体育市场的活力，但是吸引社会资本参与体育产业发展的相关支持政策效应还不显著；全国体育产业统计工作不断推进，但是江苏省的体育产业统计略显薄弱，梳理并摸清家底可以推动体育产业发展；相应的人才尤其是体育产业经营管理高端人才和高水平专业技术人才还相对缺乏，与新常态下快速发展的体育产业不相适应，需要加强区域间的有效合作，共享人才资源优势，共同推动长三角体育产业整体发展。

3.2.2.3 浙江省体育产业的发展特征

（1）整体规模特征

浙江省体育产业稳步发展，整体规模逐步增长。2006 年全省体育产业增加值为 113.75 亿元，占当年地区生产总值的 0.724%；2014 年全省体育产业总规模为 1209.1 亿元，产业增加值增长到 354.8 亿元，占当年地区生产总值的比重增长到 0.883%。2011—2014 年，全省体育产业增加值年均增长率为 14.8%。详见表 3-13、图 3-3。

表 3-13：2006-2014 年浙江省体育产业整体规模分析

指标	2006 年	2007 年	2008 年	2009 年	2010 年	2011 年	2012 年	2014 年
体育产业增加值（亿元）	113.75	140.25	161.27	164.72	203.98	248.99	279.29	354.8
体育服务业（亿元）	13.32	15.76	18.29	20.47	25.13	43.13	52.11	\
体育制造业（亿元）	85.82	102.43	117.53	114.96	142.38	162.62	173.74	\
体育批零业（亿元）	13.4	20.68	23.83	27.47	34.32	40.79	49.79	\
体育建筑业（亿元）	1.21	1.38	1.62	1.82	2.15	2.45	3.65	\
当年地区生产总值（亿元）	15718.5	18753.7	21462.7	22990.4	27722.3	32318.85	34665.33	40173.03
体育产业增加值占 GDP 比重（%）	0.724	0.748	0.751	0.761	0.736	0.77	0.81	0.883

备注："\" 表示数据缺失。

占GDP比重（%）

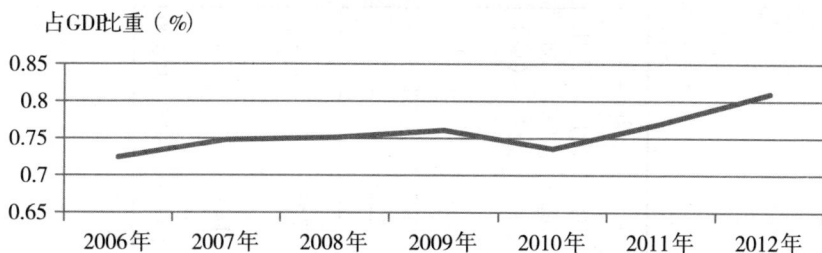

图3-3：浙江省2006—2014年体育产业占地区生产总值情况

（2）业态不断丰富

运动休闲、体育竞赛表演、体育场馆服务、体育培训与教育、体育用品及相关产品制造、体育传媒与信息服务、体育中介服务、体育彩票等业态不断丰富，不断蓬勃发展，已然形成了具有一定地区特色和市场竞争力的体育产业体系。

表3-14的相关数据资料表明，2006年至2014年浙江省体育用品制造业的行业增加值占当年全省体育产业增加值的比重始终超过三分之二，换而言之，浙江省体育用品制造行业是体育产业的支柱产业且经济贡献率最高，当然，体育用品制造业的产值比重从2006年的75.45%下降至2013年的62.21%，累计降幅达13.24个百分点。体育服务业的发展呈现逐年增长的态势，占当年全省体育产业增加值比重由2006年的11.71%上升至2013年的18.66%，累计增长6.95%，可见体育服务业呈现快速发展的态势。另外，相关材料显示，2014年体育服务业占全省体育产业比重已上升至30.1%，即从2013年到2014年一年之间体育服务业得到快速发展。

（3）体育市场供给增加

浙江省有杭州富阳国家级运动休闲示范区1个，德清、平湖九龙山、宁海、淳安、永康等国家体育产业示范基地5个，浙江大丰实业、浙江华鹰控股、浙江飞神车业、莱茵达体育等国家体育产业示范单位4个，杭州马拉松赛、亚太汽车拉力锦标赛（龙游拉力赛）等国家体育产业示范项目2个，以及莱茵体育、浙报传媒、浙江广厦、九龙山等体育赛事运营、体育俱乐部、体育旅游等体育产业概念股超过11家，无论休闲运动的打造，亦或国家体育产业示范基地、示范单位、示范项目的确立，亦或品牌体育赛事的策划，都提升了浙江省体育产业的影响力。

表3-14：2006-2014 各子行业占全省体育产业增加值的比重情况

指标	2006 年		2007 年		2008 年		2009 年		2010 年		2011 年		2012 年		2014 年	
	增加值（亿元）	占比重（%）	增加值（亿元）	占比重（%）	增加值（亿元）	占比重（%）	增加值（亿元）	占比重（%）	增加值（亿元）	占比重（%）	增加值（亿元）	占比重（%）	增加值（亿元）	占比重（%）	增加值（亿元）	占比重（%）
体育服务业	13.32	11.71	15.76	11.24	18.29	11.34	20.47	12.43	25.13	12.32	43.13	17.32	52.11	18.66	／	／
体育制造业	85.82	75.45	102.43	73.03	117.53	72.88	114.96	69.79	142.38	69.80	162.62	65.31	173.74	62.21	／	／
体育批零业	13.4	11.78	20.68	14.75	23.83	14.78	27.47	16.68	34.32	16.83	40.79	16.38	49.79	17.83	／	／
体育建筑业	1.21	1.06	1.38	0.98	1.62	1.00	1.82	1.10	2.15	1.05	2.45	0.98	3.65	1.31	／	／
总计	113.75	100.00	140.25	100.00	161.27	100.00	164.72	100.00	203.98	100.00	248.99	100.00	279.29	100.00	354.8	100.00

从体育产业发展的相关要素的具体情况来看,体育供给持续增加。从第六次全国体育场地普查的相关资料获悉,至 2013 年底,浙江省体育场地总规模近 12.49 万个,每万人拥有体育场地 22.73 个,人均体育场地面积 1.48 平方米,这为体育赛事组织策划、大众体育健身活动的开展提供了充足的资源。如,杭州马拉松赛、环太湖国际公路自行车赛、龙游亚太汽车拉力锦标赛、北仑国际女排公开赛等精品赛事均源于体育场馆设施的供给。此外,体育市场不断完善,浙江省的社会资本投资在体育场地设施建设与运营、体育竞赛表演、体育健身休闲、体育教育培训等领域,也提供了有力的支持。

（4）发展面临的不足

浙江省体育产业在长三角区域内的整体优势不明显,但是在全国却占有不低的份额,尤其在体育职业化、社会化方面在全国处于领先,但是依然存在不足,面临发展困境。体育产业的整体规模依然偏小,尤其是对地区经济的贡献率;体育市场中资源配置的作用没有得到有效发挥;体育产品供给结构不合理,体育用品制造业的产业份额远远高于体育服务业,且体育市场主体的创造力不强,体育产业供给侧结构性改革有待推进;体育产业统计工作有待进一步规范持续推进,梳理并摸清家底可以更好地推动体育产业发展;体育产业经营管理高端人才和高水平专业技术人才还相对缺乏,与新常态下快速发展的体育产业不相适应,需要加强区域间的有效合作,共享人才资源优势,共同推动长三角体育产业整体发展。

3.2.3 长三角体育产业子行业的发展特征

十二五期间,长三角区域体育产业逐步形成了以运动健身休闲业和体育竞赛表演业为主导产业,体育用品制造业为支撑产业,体育培训与教育、体育中介服务、体育传媒与信息服务等业态快速发展的格局。

3.2.3.1 体育服务业发展特征

体育服务业包含体育管理活动、体育竞赛表演活动、体育健身休闲活动、体育场馆服务、体育中介服务、体育培训与教育、体育传媒与信息服务、其他与体育相关服务等相关行业,尤其是体育健身休闲业与体育竞赛表演业得到了快速发展。

（1）体育健身休闲业

随着居民生活方式和消费观念的转变,体育服务需求日益增长,体育消费群体也不断壮大。体育健身休闲产业是以体育运动为载体、以参与体验为主要形式、以促进身心健康为目的,向大众提供相关产品和服务的一系列经济活动,涵盖健身休闲相关服务、设施建设、器材装备制造等产业门类,与旅游、健康、养老等生活性服务业具有较强的关联性。体育健身休闲业主要发展特征如下:

首先,地区政府不断优化投资环境,从而带动体育健身休闲产业的发展,长三角地区的两省一市体育行政部门有相对完整的体育产业发展规划、比较规范的管理,以及促进体育产业发展的扶持政策。

其次,体育健身休闲业的扶持力度大,长三角地区社会资本积极参与体育产业发展,市场主体的活力被有效激发,当前不同类型的体育企业的绝对规模虽然普遍较小、市场占有率不高,但是能够有效提供人们日益增长的多样化体育健身需求。相关资料表明,上海市至 2016 年 2 月每万人拥有 121 家健身房(及工作室),上海、南京、杭州三个城市 2015—2016 年期间,健身房数量分别增长了 56.1%、56.0%、75.5%,基本上是 0.5 ~ 1 平方公里面积上拥有一家健身房。

再次,多样化的体育企业提供了多样化的体育服务,健身休闲企业针对特定消费人群设置各自的市场定位,创设相应的特色品牌。相关资料显示,国内 20 岁以上人群的体育消费中订阅体育书刊、支付锻炼的场租和聘请教练分别占 9.7%、8.6%,购买运动服装、购买运动器材分别占 93.9%、38.8%,观赏体育赛事的占 6.6%,体育健身休闲企业则主要以围绕装备形成的时尚休闲产品与产业化的经营模式和围绕场所形成的健身休闲项目与产业化的经营模式为主。

最后,专业健身产业人才相对不足。健身休闲业本质上是一个知识密集型的创意产业、内容产业。当前,长三角区域健身休闲业无论是经营管理,还是专业教练、技术指导等从业人员,拥有专业资格和较长实践经验的专业人才无论从数量上,还是质量上均不足。

(2)体育竞赛表演业

体育竞赛表演业的发端可以追溯到 1992 年,国家体委发布的《关于深化体育改革的决定》中指出"竞技体育要推进运动项目协会实体化,以足球为突破口,部分项目向职业化过渡,逐步与国际惯例接轨",之后,1993 年,上海等地建立了职业足球俱乐部,体育赛事开始进入职业化,再之后,国内先后开办足球、篮球、排球、乒乓球的职业联赛。长三角两省一市每年举办的省级以上大型体育赛事均超过百余次,尤其是上海市,十二五期间平均每年举办 136 次全国性以上体育赛事,且 40% 是国际性赛事,体育竞赛表演业的主要发展特征如下:

首先,品牌体育赛事着力打造。上海有 5 项国际体育竞赛品牌赛事,包括 ATP 网球大师赛上海站、F1 中国大奖赛、上海国际马拉松赛、上海斯诺克大师赛、上海国际田联黄金大奖赛;江苏南京承办了 2013 年亚洲青年运动会、2014 青年奥林匹克运动会,江苏无锡有世界斯诺克无锡精英赛、世界青年射箭锦标赛;浙江有杭州马拉松赛、环太湖国际公路自行车赛、龙游亚太汽车拉力锦标赛、北仑国际女排公开赛等。大型体育赛事的举办和承办,不仅提升各城市社会影响力,也促进了长三角地区体育竞赛表演业的发展。

其次,单项体育赛事精彩纷呈。长三角区域在承办和举办大型综合型赛事外,单项品牌赛事的举办精彩纷呈。

再次,本土体育赛事各具特色。两省一市结合各地区的自身特点,在引进国际品牌赛事的基础上,大力培育本土赛事,并逐步形成各自的品牌体育赛事,逐步形成了"一区一品""一市一品",甚至是"一县一品"的特色赛事,各类体育赛事遍地开花。

最后,群众性体育赛事不断呈现。形成全民健身活动周、社区健身大会和全民健身节等品牌活动。还打破了长三角区域限制,长达数月的"长三角体育圈"全民健身大联动,促使普通大众参与体育赛事。

3.2.3.2 体育场馆服务业发展特征

长三角体育场馆无论是规模、种类还是设施建设标准均居全国前列。长三角区域内绝大多数省辖市和一批县级市的体育场馆足以承办全省综合性体育运动会或国际单项体育组织的大型体育赛事。各地区体育场馆充分发挥公共体育设施功能,完善配套体育服务,开展多种体育场馆服务经营,在体育场馆的市场化运作上取得了一定的成效。近年来,长三角地区体育场馆的建设数量和规模不断扩大,建设水平不断提高,出现了如上海八万人体育场、南京奥体中心、杭州黄龙体育中心等一批在全国范围有较大影响的体育场馆,发展水平在全国处于领先地位。

第六次全国场地普查结果显示:上海市共有体育场地 38505 个(其中,室内体育场地 12513 个,室外体育场地 25992 个),场地面积 4155.69万平方米(其中室内场地面积 291.42 万平方米,室外场地面积 3864.27 万平方米),每万人均拥有体育场地 15.94 个,人均体育场地面积 1.72 平方米;江苏省共有体育场地 123994 个(其中,全民健身路径 33529 个,室内体育场地 27960 个,室外体育场地 96034 个),场地面积 15934.87 万平方米(其中,室内场地面积 680.67 万平方米,室外场地面积 15254.2 万平方米),人均体育场地面积 2.01 平方米;浙江省共有体育场地 124944 个(其中,室内体育场地 23823 个,室外体育场地 101121 个),场地面积 8123.47 万平方米(其中,室内场地面积 493.51 万平方米,室外场地面积 7629.96 万平方米),人均体育场地面积 1.48 平方米。然而,为数众多的体育场馆运营能力却明显不足,经营范围不够广,机制和体制也不够灵活,没有充分发挥体育场馆资源的综合使用效益,群众性体育场馆设施表现得尤为明显。长三角区域内体育设施建设不平衡表现也较为突出,江苏和上海体育设施建设好于浙江,江苏省、上海市人均场地面积分别为 2.01 平方米、1.72 平方米,远远超过全国的平均水平。体育场馆服务业的主要发展特征如下:

首先,社会资本的参与度不高。体育场馆建设需要征用大量的土地,且投资的金额较大,回报周期又长,为此体育场馆以各级政府投资建设为主。当前国内的体育场馆 79.4% 属于国有,15.4% 属于集体,私有的仅占 4.3%,社会资本的参与程度较低,从而,不仅导致了体育场馆设施的有效供应不足,而且致使政府承担过高的场馆建设和维护成本。

其次,体育场馆服务业市场规模小。长三角体育场馆服务业的整体规模偏小,场馆服务 2012 年仅占体育产业总体规模的 1.90%。对比美国等发达国家,其体育场馆收入在 2012 年已达到 251.25 亿美元,在美国的体育产业结构中占比约为 7%,体育场馆服务业的发展空间较大。

最后,场馆服务业市场化程度低。体育场馆的运营大部分采用全额预算管理和差额预算管理的事业单位自主经营为主,仅少数场馆采用委托管理或者现代化企业管理等模式。

3.2.3.3 体育用品业发展特征

长三角地区体育用品业的整体规模占体育产业结构的 80% 以上,虽然由 2006 年的 88.19% 下降至 2012 年 80.73%,但是依然是体育产业的主体,其中,上海市 2015 年体育用品及相关产品制造占当年地区体育产业总产值的 20.29%,体育用品及相关产品销售、贸易代理与出租占当年地区体育产业总产值的比重达 48.42%。体育用品业的主要发展特征如下:

首先,产业集聚区逐步形成。长三角地区体育用品制造业已然形成了相应的集聚区,如,浙江慈溪、江苏昆山的运动鞋制造;浙江海宁的运动服制造;浙江富阳、浙江苍南、江苏江都、江苏泰州的体育器材制造;上海、浙江奉化、浙江富阳篮排足球及羽乒球用品制造,体育用品制造业的集群效应较突出。

其次,体育企业品牌开始显现。相关资料显示:上海的红双喜、爱步、斯凯奇、健乐士、回力、狼爪、迪卡侬,浙江的天龙、康龙、人本、环球、牧高笛,江苏的阿珂姆、威克多等运动鞋、户外用品、篮乒羽体育器材等各种类型体育用品的企业品牌开始凸显,无论是产品数量、网店数量乃至服务网点数量等指标均在国内体育用品市场有了较高的知名度,品牌效应显现。

但是,长三角体育用品业在自身成长和经验积累中逐渐形成与众不同的区域性特征的同时,依然存在如体育企业规模偏小、体育企业存续时间短、产品同质化严重、产品以低档为主、产品自主营销体系不健全、产品附加值不高等问题。

4　长三角体育产业主导产业选择及行业结构布局

4.1　长三角体育产业结构分析

4.1.1 产业结构分析工具及计量模型

偏离—份额分析法（Shift Share Method，简称 SSM）又称增长因素分析法，最初由美国经济学家 Daniel（1942）[①] 和 Creamer（1943）[②] 提出，后经 Dunn（1960）[③] 等学者总结并逐步完善，成为研究区域经济增长有效的统计方法之一。偏离—份额分析法是把产业结构变化看作一个动态的过程，以其所在区域的产业发展作为参照系，将该区域某时段的体育产业增长量分为两个部分，份额分量（N）和偏离分量（PD），偏离分量又包含结构偏离分量（P）和竞争力偏离分量（D）。结合分析体育产业结构的需要，由下面模型来进行量化分析：

$$G_i = N_i + P_i + D_i \qquad （公式2）$$

$$N_i = \sum_{j=1}^{n} \frac{b_{ij,0} * B_{j,0}}{B_0} * \frac{(B_{j,t} - B_{j,0})}{B_{j,0}} = \sum_{j=1}^{n} b_{ij} * R_j = \sum_{j=1}^{n} N_{ij} \qquad （公式3）$$

[①] Daniel, C. K. Shift of Manufacturing Industries, in Industrial Location and National Resources[J] . Washington D.C.U. S. National Resource Planning Board, 1942.

[②] Creamer D. Shifts of Manufacturing Industries, in Industrial Location and National Resources[M]. Government Printing office, Washington, D. C. 1943.

[③] Dunn E S. A Statistical and Analytical Technique for Regional Analysis[J]. Papers of Regional Science Association, 1960（6）：97～112.

$$P_i = \sum_{j=1}^{n}\left(b_{ij,0} - \frac{b_{ij,0}*B_{j,0}}{B_0}\right)*\frac{(B_{j,t}-B_{j,0})}{B_{j,0}} = \sum_{j=1}^{n}\left(b_{ij,0}-b_{ij}\right)*R_j = \sum_{j=1}^{n}P_{ij} \qquad （公式4）$$

$$D_i = \sum_{j=1}^{n}\frac{b_{ij,0}*B_{j,0}}{B_0}*\left(\frac{b_{ij,t}-b_{ij,0}}{b_{ij,0}} - \frac{(B_{j,t}-B_{j,0})}{B_{j,0}}\right) = \sum_{j=1}^{n}b_{ij}*(r_{ij}-R_j) = \sum_{j=1}^{n}D_{i,j} \qquad （公式5）$$

$$(P+D)_i = P_i + D_i \qquad （公式6）$$

$$L = w*u \qquad （公式7）$$

$$w = \frac{\sum_{j=1}^{n}k_{j,t}*B_{j,t}}{\sum_{j=1}^{n}k_{j,0}*B_{j,0}} \bigg/ \frac{\sum_{j=1}^{n}B_{j,t}}{\sum_{j=1}^{n}B_{j,0}} \qquad （公式8）$$

$$u = \frac{\sum_{j=1}^{n}k_{j,t}*B_{j,t}}{\sum_{j=1}^{n}k_{j,0}*B_{j,t}} \qquad （公式9）$$

计量模型中,基期长三角区域 i 体育产业经济总规模为 $b_{i,0}$,末期经济总规模为 $b_{i,t}$。同时,根据长三角体育产业的相关统计数据,把体育产业划分为 n=3 个产业部门,分别以 $b_{ij,0}$, $b_{ij,t}$（j=1,2,3）表示 i 区域第 j 个产业部门在基年与末年的规模,并以 B_0, B_t 表示长三角体育产业基年与末年的总规模, $B_{j,0}$, $B_{j,t}$ 表示长三角体育产业基年与末年第 j 个产业部门的规模, r_{ij} 是 i 区域第 j 个产业部门在期内的变化率, R_j 是长三角体育产业第 j 个产业部门期内的变化率,期内 i 区域第 j 个产业部门的增长量 G_{ij} 可以分解为份额分量（N_{ij}）,结构偏离分量（P_{ij}）,竞争力偏离分量（D_{ij}）。 G_i、N_i、P_i、D_i 分别是 i 区域总的经济增长量、结构份额分量、结构偏离分量、竞争力偏离分量。 $k_{j,0}$ 和 $k_{j,t}$ 是 i 区域体育产业第 j 部门在基年与末年占同期全国相应部门的比重,w 表示区域结构效果指数,u 表示区域竞争力指数,L 表示 i 区域相对于全国的相对增长率。

4.1.2 长三角体育产业结构分析

表 4-1：长三角体育产业结构 Shift-share 分析表

指标	R_j	r_j	b_j	N_j	P_j	D_j	PD_j	$k_{j,0}$	$k_{j,t}$	N/G	P/G	D/G
体育服务业	2.919	5.514	4.232	23.332	59.842	64.191	124.033	0.147	0.245	0.029	0.074	0.080
体育用品业	2.002	2.613	164.771	430.568	84.990	126.536	211.526	0.265	0.319	0.535	0.106	0.157
体育建筑业	2.932	4.844	0.102	0.493	8.546	5.768	14.315	0.091	0.135	0.001	0.011	0.007

备注：分析的原始数据主要取自《长三角体育产业发展蓝皮书》及上海市、江苏省、浙江省网上公开发布的相关资料，为了便于分析长三角体育产业结构，数据作了如下处理：第一，基年以 2006 年的"全国体育及相关产业专项调查"的相关数据为基础，并结合《长三角体育产业蓝皮书》公开发布的数据为末年原始数据，上海市的末年数据的缺失，由于数据的缺失，上海市有完整的 2015 年数据，浙江省也有相应完整的数据，但是缺失江苏省，此为本研究中体育产业结构分析的基础数据。以 2011 年数据为原始数据；第三，上海市有完

表4-1是长三角地区体育产业结构的偏离—份额分析表。2006—2012年长三角地区体育产业各行业（除体育中介活动外）的区域增长份额 N 均大于零,说明各行业均呈现增长趋势,特别是体育用品业的增长优势尤为明显。从各行业的结构方面来看,各行业的结构均显示为正值,说明目前各行业的结构基本合理,体育服务业的偏离值也较高,体育建筑业稍显不足,这与长三角地区大力打造制造业,同时优先发展体育服务业的政策导向相关。P/G 反映某个体育产业子行业对地区体育产业的作用效应的大小,从表4-1可以获悉体育用品业对推动体育产业发展的效应相对较大,而体育服务业的效应还不够明显,需要进一步发展体育服务业。从各子行业的竞争力 D_j 来看,与全国同行业相比较竞争力强劲,尤其是体育用品业,此外体育服务业的竞争力也开始显现。就具体数值来说,体育用品业的偏离分量 PD 最大,同样 D/G 指数表明体育用品业偏离程度也大,即竞争力因素对体育产业的负面作用程度也相应较大,可能会影响未来体育产业的发展。

表4-2：长三角体育产业结构总体效果表

指标	总经济增长（G）	相对增长率（L）	结构效果指数（w）	竞争力效果指数（u）	总份额分量（N）	总结构偏离分量（P）	总竞争力偏离分量（D）	总偏离量（PD）
量化	804.268	1.931	1.389	1.390	454.394	153.378	196.496	349.874

表4-2显示的是长三角区域体育产业结构的总体效果情况,2006—2012年长三角区域体育产业总经济增长量为804.268,说明相对于全国而言,长三角体育产业经济增长较快。长三角地区结构偏离分量153.378（即：$P \to \infty$）,竞争力效果指数1.390（即：$u > 1false$）,产业结构对于经济增长的贡献较大,区域经济中主导产业在全部产业中占较大比重,进行结构调整的迫切性不高。

从体育产业的发展阶段来看,在人们的价值观念调整和可支配收入提升的背景下,体育产品的有效需求逐渐递增,从而促使体育健身休闲娱乐业的持续扩大、体育竞赛表演业对公众的影响不断提高,由此衍生的体育相关行业的经济效益不断凸显,体育旅游业、体育传媒业、体育广告业、体育培训业、体育金融业等相关行业部门加速发展,进而加快体育用品制造和销售、体育组织管理、体育场馆管理等产业部门的发展。体育产业各部门间的联系不断被打破重构,当量达到一定程度,体育产业结构就会发生质的变化,新的主导产业将取代旧的主导产业,新的主导产业关联方式和数量比例关系形成,从而促使产业结构进入一个新的更高的水平,从量变到质变的不断螺旋式上升的过程,产业结构的不断演进,进而推动体育产业快速发展。

4.2　长三角体育主导产业选择

4.2.1 主导产业选择依据

（1）产业的比较优势明显,市场前景光明

体育主导产业较其他产业部门应具有明显的比较优势、广阔的市场前景,才能带动或启动其他体育产业部门的发展。一个产业部门的市场前景可以从该产业部门生产产品的用途的适用性以及较高的需求收入弹性来判定,如体育竞赛表演产品的生产,可以为体育经纪业、体育传媒业、体育旅游业、体育广告业等产业部门提供生产的投入品,同时也可以作为最终产品输出给体育消费者(观众)。

（2）产业的经济效益好,增长速度快

高附加值的产品、良好的经济效益、高速的增长率是选择体育主导产业的原则。创新是良好的经济效益、高增长率的前提,一个生产部门的技术创新能力越强,则制造、销售、管理、组织方式等生产要素都会发生一系列的创新,同时也能创造出新的生产需求和消费需求,而技术创新效率和组织管理创新效率越高,则生产效率也就越高。例如,体育健身休闲行业的发展以及科学技术的快速发展促使健康监测需求的日益提高,从而推动可穿戴的智能设备(用品)市场的快速发展。

（3）产业关联效应强

体育主导产业应选择关联效应强的产业部门,即能对前后向产业起到带动作用的产业部门。例如,体育竞赛表演业作为启动产业发展的主导变量,该行业的发展客观上会刺激中间需求扩张(如运动训练服务、职业体育、体育设备制造等产品的生产),并会强有力地影响人们的体育价值观念,促使体育健身休闲服务业、体育用品业和体育旅游等行业的发展,体育产业部门间的关联效应放大,由此引起原有产业体系的结构变化。

4.2.2 主导行业选择的分析工具

根据主导产业选择的标准和指标构建的原则,以及现有体育产业统计数据的完整性等特征,本研究设计区域体育产业主导产业选择的指标,包括区位熵、需求收入弹性系数、总产值增加率等指标。

4.2.2.1 区位熵

$$Q_{ir} = \frac{H_{ir} / TGDP_r}{H_{in} / TGDP_n}$$
（公式 10）

式中的 Q_{ir} 表示区域 i 产业的区位熵, H_{ir} 为区域 i 产业的增加值, H_{in} 表示全国 i 产业的增加值, $TGDP_r$ 表示 r 区域的体育产业增加值, $TGDP_n$ 表示全国的体育产业增加值。

4.2.2.2 需求收入弹性系数

$$X = \frac{\Delta I / I}{\Delta Y / Y}$$
（公式 11）

式中的 ΔI, I, ΔY, Y 分别代表体育产业各行业的投资增量、各行业投资、GDP 增量和 GDP。

4.2.2.3 总产值增加率

$$X_2 = \frac{H_i - H_0}{H_i}$$
（公式 12）

式中的 H_0、H_i 分别代表基期和末期体育产业各行业的总产值。

4.2.3 长三角体育产业主导行业选择

表 4-3 长三角区域体育产业各行业综合分析结果表明,体育用品业的需求收入弹性大于 1,表明该行业的需求增长弹性较大;从生产率上升率来看,体育用品业的上升率最大,表明其市场前景最好。体育服务业(包含了体育管理活动、体育竞赛表演活动、体育健身休闲活动、体育场馆服务、体育中介服务、体育培训与教育、体育传媒与信息服务、其他与体育相关服务等相关行业)市场前景也较广阔。从区位熵来看,体育用品业的区位熵较高,表明其市场的专业化程度较高,该行业的竞争优势明显,体

育服务业的区位熵接近 1,表明其专业化程度逐步提高,可以成为体育产业的主导行业。为此,长三角地区体育产业的主导产业可以选择体育用品服装鞋帽销售业、体育用品服装鞋帽制造业、体育管理活动、体育竞赛表演活动、体育培训与教育、体育传媒与信息服务等体育服务业。

表 4-3: 长三角体育产业各行业综合分析表

指标	区位熵	需求收入弹性	生产率上升率	综合分	排名
体育服务业	0.827	0.255	0.520	0.537	2
体育用品业	1.079	1.010	1.248	1.112	1
体育建筑业	0.457	0.027	−1.190	−0.228	3

4.3 长三角体育产业行业结构布局方式

城市圈域理论认为,城市在区域经济中起核心作用。体育产业的发展以大城市为中心,以圈域状的空间分布为特色,逐步向中小城市发展。长三角体育圈结构主要是围绕上海、南京、苏州、无锡、常州、镇江、扬州、南通、泰州、杭州、宁波、绍兴、嘉兴、湖州、舟山、台州 16 个经济城市为网点而组成,运作体育圈内江苏、浙江、上海两省一市体育合作交流项目,实现体育产业的合理布局和有序发展。

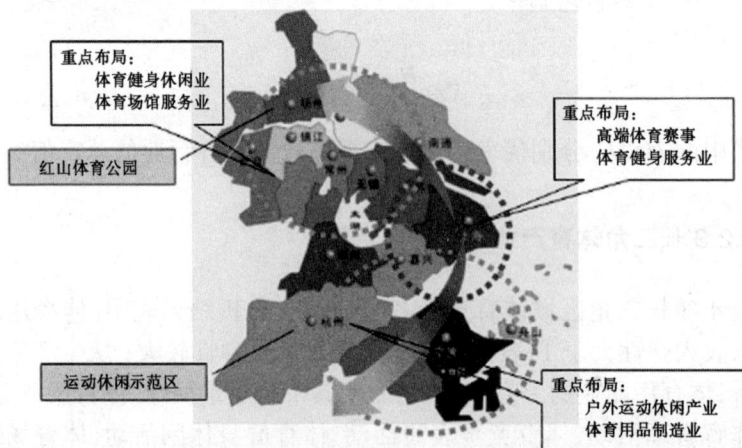

图 4-1: 长三角体育产业布局方式图

长三角体育产业行业布局方式:"圈" — "域"。以上海、江苏和浙江为体育圈的三个枢纽(上海为中心区域),以南京、杭州为腹地,以苏州、无锡、常州、宁波、舟山等城市为周边,形成中心城市圈与腹地或周边城市的"极化—扩散"效应的内在联系圈域(图4-1)。

上海体育产业的优势是体育赛事经济,体育赛事的关联效应、产业拉动效应是体育产业链中的主导变量,其与相关行业的资源整合集聚,形成战略联盟实现外连式的规模扩张效应,使上海的中心区域枢纽地位凸显,形成极化效应,并集聚扩张;江苏体育产业以沿江体育产业带、沿海运动休闲产业带、环太湖体育圈为轴线及节点,以体育健身休闲为主导行业,促进体育与旅游的紧密结合,加强体育产业载体建设,突出产业特色,推动体育产业集约化发展;浙江充分利用区域资源优势,以运动休闲产业和体育用品制造业为重点,以杭州、宁波、富阳为区块的运动休闲产业及户外运动产业的发展带动体育用品制造和销售业的同步发展,通过合理配置与开发,大力发展区域体育产业。

4.4 长三角体育产业布局政策

4.4.1 体育产业布局政策制定的思路及基本原则

4.4.1.1 体育产业布局政策制定的思路

体育产业布局政策旨在以全国体育产业总体布局为前提,充分发挥地区优势,使资源配置在空间上达到最优状态,实现体育产业结构优化。体育产业布局政策的主要内容从宏观上应侧重以下几个方面:

第一,宏观上制定适合体育产业稳定发展的长期规划。政府部门制定适合区域体育产业长期发展的规划是实现体育产业合理布局的先决条件,也是体育产业布局政策的重要内容。

第二,选择正确的符合区域发展特点的主导产业。体育产业的发展具有很强的区域性,不同地区的经济形式和地域特点适合不同体育产业类型的发展。科学地选择正确的符合本地区发展的体育主导产业会使本地区的体育产业发展在激烈的市场竞争中脱颖而出,做大做强。主导产业在区域体育产业竞争中具有明显的竞争优势和引领地位,能在较长时期内影响该行业在全国的发展。政府在制定相关政策时必须在这方面有所倾斜。

第三,鼓励各地区间加强合作,形成资源优势互补的共同体,以此推动体育产业的发展。中国经济发展始终在行政区划的框架内进行,各个地区以行政区划为限,相互展开激烈竞争,没有形成优势互补、产业结构合理布局的局面,不仅阻碍了统一市场的形成,而且造成大量低水平不合理的重复,造成资源的严重浪费,甚至阻碍体育产业的发展。封闭的、地区分割的发展模式已经不再适应新的发展趋势,取而代之的是以谋求"发展红利"为目的的区域合作发展模式。通过建立一个区域性的统一大市场,发挥不同地区的比较优势,加速区域性体育产业资源整合,在互利互惠中共同发展。

4.4.1.2 体育产业布局政策制定的基本原则

体育产业政策形成的逻辑起点在于修正和弥补因外部性、公共产品等引致的"市场失灵"的缺陷,克服市场机制的局限性,优化经济运行的外部环境。体育产业赖于发展的市场机制不够健全,市场发育程度不高,完善的体育市场体系尚未形成。面临当前的现实情况,需要运用体育产业布局政策去引导和改变因市场不完善所带来的资源配置效率不高的状况,从而促进体育产业合理布局良性发展。为了使体育产业布局政策体现市场经济的本质要求和产业发展的根本目标,在制订体育产业布局政策过程中应遵循以下几项基本原则:

(1)发挥市场机制对资源配置的基础性作用

以政府为主导,积极推进体育产业的发展,充分发挥市场机制对资源配置的基础性作用,综合运用各种手段实施一整套以利益引导为主的政策体系,规范、调节、补救企业的投资决策,为体育产业的整体发展以及产业结构调整优化创造良好的外部环境。在发挥市场机制基础性调节作用的前提下,加大政府在地区体育产业布局、协调地区利益等方面的宏观调控力度,以弥补区域间发展差异。

(2)确定地区分工与比较优势紧密结合

各地区的体育产业比较优势既是国家制定区域体育产业发展和体育产业布局政策、促进资源空间配置合理化的基本前提,也是各地区制定正确的体育发展战略和产业政策、实现地区协调发展的重要条件。我国各地区现有的体育产业的格局反映了体育产业空间的结构状态,它的合理与否直接取决于各产业部门能否利用比较优势建立起富有特色的专业化部门并发展关联产业,进而形成与其他地区既有合理分工,又有密切协作的经济关系。在经济全球化的新形势下,地区分工的合理化不仅要考虑国内地区间的合理分工,还应考虑积极参与国际分工,从市场、自然资源、资金、技术、劳动力等要素的现实条件和潜在条件出发,努力构造能够突出地区比较优势的地区分工格局。

（3）注重发挥联动优势促进地区协同发展

制定合理的体育产业布局政策，充分调动企业的主导优势，激发地区协作活力。借助闽、浙等地体育用品制造业的技术、资金、品牌的优势与其他区域充分合作，积极打造知名体育用品品牌，增强品牌的国际竞争力。借助滇、桂等地区的自然资源优势，大力发展体育旅游、运动休闲业，以运动休闲业带动西南地区体育产业的发展。以太极、武当等民族传统文化为依托，推动传统体育项目竞赛表演及培训业发展。运动竞赛、全民健身领域积极开展区域合作，通过大型活动加强区域合作，同时因地制宜实施地区差别政策，尽快促进体育产业发展。

4.4.2 体育产业布局的一般政策

4.4.2.1 强化区域一体化发展思维

我国体育产业的发展应从全局角度出发，充分发挥长三角区域的优势，强化区域一体化发展思维。由于行政区划的影响，我国两省一市区域内部存在诸多地区壁垒，从而导致区域内生产要素流动不畅、资源配置得不到优化，同时在体育产业发展中形成制度上的障碍，导致地区间的无序发展、重复建设、盲目竞争等问题。各区域内的体育主管部门应从区域整体利益最大化角度出发，商讨并制定区域整体发展战略及规划。体育产业布局以政府为主导，推动区域内体育产业的分工合作，充分发挥区域整体优势，合理制定区域内部利益的分配机制，共同促进体育产业发展。

4.4.2.2 推进制度创新和机制创新

区域体育产业布局调整政策目标是以产业结构调整为主线，优化产业结构，完善空间布局。体育产业发展到一定阶段，必然会出现产业结构不协调、不合理的现象，需要不断进行产业结构及布局的调整，便于发展过快的产业进行空间疏散，而对地区间存在严重的产业重构现象做出及时调整。制定体育产业结构调整指导目录，各地区以市场为基础，并结合区域实际提出战略性对策和举措协调体育产业布局，对发展不规范的健身服务业加强标准化、规范化管理，对体育用品制造业等发展基础较好的行业则加强科技创新、自主品牌提升管理，采用直接限制政策、特定产业发展的鼓励政策等政策手段调控体育产业布局。

体育产业结构优化的主体包括政府和企业,其主要阻力是机制和制度。在传统体制下政企不分,企业和项目决策者缺乏合理有效的激励机制和约束机制,盲目地追求大而全或小而全的生产体系,忽视经济效益,致使在体育产业尤其是体育健身行业、体育用品制造业中存在生产集中度低、专业化水平不高的现象。因此,从企业角度而言,要取得体育产业结构调整的突破,必须建立现代化的企业制度;从体育行政部门角度而言,要彻底改革其行为基础和导向,进行一系列的区域制度创新,建立健全市场机制,使体育企业真正成为竞争主体,以市场为导向配置资源和优化经营结构。体育行政部门要逐步从具体的体育经济行为中淡出,消除市场失灵,注重体育公共产品的投资建设,培育体育市场体系,扩大体育消费需求,提升体育消费活力,创新机制和制度,促进体育产业发展。

4.4.2.3 改善区域体育产业发展环境

合理布局区域体育产业,根据规划区域的发展条件,明确发展方向和目标,对区域体育产业发展和总体布局作出全面部署,对非生产性的体育服务业和生产性的体育用品制造业的项目建设进行统筹安排,并提出实施政策,发挥区域的整体优势,营造一个良好的发展环境。首先要进行硬环境优化,加强公共产品和公共服务建设,引导和吸引民间资金投资公共体育服务领域。其次优化软环境,为体育产业发展创造良好的保障机制,形成规范有序、公平竞争的体育市场环境;要创设人才环境,拓展人才培养渠道,加快体育经营管理人才、竞技体育人才、社会体育人才等各种体育产业及相关人才的培养,制定和完善知识、技术、管理等生产要素参与分配的政策,建立科学的人才评价标准,形成有效的人才激励机制。尤其在体育产业保护政策方面,体育产业某些行业缺乏竞争力,如体育中介活动,但从长远发展考虑,如果不对部分行业加以保护,则区域体育产业结构的完整性会受影响,甚至影响相关行业的发展。此外,体育产业发展对外部依赖程度比较大,区域社会经济的发展水平直接决定体育产业发展的规模和速度,尤其是体育健身服务业,产业内部很难实现正常的自我调整。浙闽地区的体育用品制造业,在世界经济出现波动时,出口就会受阻,各级政府部门就应出台相关政策予以保护和扶持,如利率、补贴、退税等相关政策,促进体育产业的平稳发展。

4.4.2.4 加大区域体育产业扶持力度

在体育产业发展中,各地区、各行业的发展往往是非均衡的,有的发展快些,有的发展较慢,东部地区的京沪粤体育赛事经济的发展速度就远远快于其他地区。在一定的发展阶段,实施体育产业发展倾斜政策,采取必要的手段协调体育产业均衡发展。被扶持的体育产业分两大类:一类是"优势产业",即能带动区域体育产业发展,具有比较竞争优势的行业,如体育健身服务业、体育竞赛表演业以及体育旅游等相关产业,对这类产业的扶持政策包括为其创造有利的投资和发展环境、直接进行投资或间接诱导等手段。另一类是"瓶颈行业",即在体育产业体系内未得到应有发展的,且严重制约体育产业其他行业的发展,如体育场馆等基础设施行业,直接影响体育赛事、体育健身行业的发展,瓶颈行业的存在会使体育产业结构体系的综合产出能力受到较大制约。优化体育产业结构,提高产业的综合产出能力,则必须克服瓶颈产业的束缚,优先扶持瓶颈产业的发展。

4.4.2.5 加强区域体育产业布局的有效调控

采用直接限制手段限制体育部分行业在某些区域的布点,实施对体育产业布局的干预。政府为扶持区域体育健身休闲产业、运动休闲产业而对基础设施、项目进行直接投资兴建。体育休闲业的发展,很大程度依赖于基础设施及体育配套设施的完善,而民间资本的投入又相对有限且力度不够,必须通过政府投入以弥补。其基础设施建设既包含交通运输等各种外部要素建设,也包含各种体育场馆、健身休闲绿地、广场及配套的设施等,属社会公益性事业,因此政府应通过财政手段,加大资金投入,推动体育健身业发展。

政府借助经济杠杆对体育产业布局进行调控管理。体育产业链是在政府和市场的共同作用下形成的,其核心是企业的行为导致的。政府可以有目的、有针对性地运用税收、金融、价格、就业、薪酬等手段,调控各区域生产要素的流动成本,政府仅改变环境的变量,间接引导体育产业的扩张和收缩,从而调整体育产业布局,实现区域体育产业布局政策的目标。

政府部门通过及时发布区域体育产业相关信息,包括资源信息、管理信息、经济信息、科技信息、政策信息等相关信息,提供体育产业发展现状和前景预测、区域整体规划、区域社会经济发展水平、体育需求等全面的信息,为体育产业发展提供信息支持,并实施业务指导和协调,可以诱导并调控体育产业投资方向。

4.4.3 体育产业布局的重点政策

4.4.3.1 重点区域布局政策

长三角区域体育产业布局方面,以上海为集聚区重点打造国际、国内品牌体育赛事产业,以江苏为副核心重点打造健身休闲产业,以浙江为副核心重点打造运动休闲产业、体育用品制造业,构建具有地域分工和广泛协作配套的长三角体育产业体系。

长三角区域体育产业发展相对比较均衡,各有侧重,布局政策的重点:优化产业布局,突出地区特色,推动体育产业集约化发展。体育赛事经济以培育市场为基础,完善市场主体、健全市场体系,通过赛事经济带动体育组织管理、体育中介、体育用品销售等相关产业的发展。运动休闲产业以公共体育设施开发开放为突破口,大力发展体育健身服务产业,培育体育消费市场,带动相关产业链发展。体育用品制造业等相关产业以品牌创建为引领,做大做强相关企业,打造体育产业品牌,为体育赛事、健身休闲产业的发展奠定坚实基础。通过创新管理机制、改革投融资方式、建立区域协作平台、创设人才流动通道等措施,合理布局体育产业,提升长三角区域体育产业发展水平。

4.4.3.2 重点行业布局政策

（1）体育健身休闲业

一是放宽体育健身休闲行业的准入条件。进一步放宽市场准入领域,培育多元化的竞争主体,允许各类资本进入健身休闲行业,鼓励民间资本参与,扩大非公有制经济的比重,促进规模和数量的发展。对于已具备经营场地、专业技术人员、注册资金的企业或组织,应及时给予注册登记。简化健身连锁经营企业的办理手续,由连锁企业的总部统一办理,管理部门应标明许可经营的行政区域范围。而蹦极、热气球、攀岩、轮滑、潜水等高危体育项目实行行政许可制度,对场地器材、专业技术人员均有严格的条件,同时与工商、公安、卫生、安全生产监督等相关部门共同管理。

二是完善税收政策。体育健身休闲企业用水、用电、用地等应与其他各类服务业及工业企业一样对待,实行同等的用水、用电、用地收费价格政策,而对体育旅游、大众体育健身休闲服务以及休闲、登山、潜水、探险等各类户外活动的营销服务等国家鼓励发展的行业,在与工业执行基本同价的原则下,按照价格管理权限,3 年内应逐步调整到位。合理确定体育健身休闲业用地比例,对鼓励类行业在供地安排上给予倾斜,对非营利性的健身用地给予优先办理。为了推动大众健身休闲、体育旅游等休闲、登山、潜水、探险等几类户外活动,新办企业 3 年内应免征企业所得税。为了进一步发展体育健身休闲业,应降低部分项目的营业税、消费税税率。如游艇的消费税税率为 10%,这对滨海运动休闲业的发展有制约作用。

三是加强引导扶持力度。加大政府对体育健身休闲业的引导和扶持力度,加强健身场地设施建设,建立并完善政府性资金对体育健身休闲业的投入机制,充分发挥政府的引导和带动作用,以促使体育健身休闲行业的快速发展。建立体育健身休闲业专项发展资金,逐步扩大规模,引导社会资金加大对体育健身休闲业的投入。充分调动各种所有制经济发展体育健身休闲业的积极性,加强与金融部门的沟通,积极向金融机构推介体育健身休闲业项目,促进银行与健身企业合作,积极引导和鼓励体育健身休闲企业通过发行债券、招商引资、上市融资等方式扩大融资规模,拓宽融资渠道,同时鼓励有实力的企业投资体育健身休闲业。

四是规范体育健身市场监督管理。加强体育市场监管力度,工商管理、质量监督、价格等部门对体育市场中存在的虚假广告、质次价高、误导消费等行为要加强监管,对存在的服务质量问题要及时公开曝光。建立公开、平等、规范的健身行业监管制度。不断推进体育健身休闲业的标准化建设,制订行业服务标准,对滨海运动休闲等新兴的服务行业,鼓励地方、行业协会和龙头企业先行制定服务标准,不断提高服务质量,规范服务行为。

(2)体育场馆服务业

一是加强体育场馆经营管理,形成政府规制和市场竞争相结合的机制。体育行政部门为实现体育场馆的社会效益目标而对经济中的经济主体做出具有法律约束力的限制、约束、规范,但是政府规制不等于政府提供体育场馆公共服务生产,生产经营者的确定要引进市场竞争机制,通过招标、竞争等市场手段维护体育场馆服务体制的有序发展。实现所有权与经营权分离,构建资产经营、经营决策、利益激励、预算约束和内外协调等机制,采用灵活高效的管理机制,提倡多种管理模式、运行机制并存,在保证竞技体育训练、比赛的前提下,逐步推向市场,按现代企业制度经营运作。不断深化体育场馆管理体制的改革和创新,鼓励和支持社会力量参与体育场馆运营管理,提高体育设施综合利用率和运营能力,优化体育场馆的收入结构。充分发挥体育场馆的集聚、辐射、引导、布局作用,增强持续发展能力,带动体育赛事产业、全民健身业的发展,引导并推进体育场馆经营管理模式变革,提供多样化的公共体育服务。

二是建立并完善体育场馆的监管体系。体育场馆的监管包含体育场馆的整体服务质量、数量、价格、风险等方面,完善的监管机制可以提高体育场馆服务的效率和质量,减少腐败行为的发生,保证公共资源的有效利用。加快构建从中央到地方的纵向管理体系,理顺城建、物价、安保、体育技术等各横向部门的监管关系,建立相对独立、专业的体系,并制定相应的法规加以规范。同时,要加强对政府与企业合谋行为的监管,通过立法在监督机制和法律上进行管理,从而促进体育场馆服务业的良性发展。

三是完善体育场馆的税收政策。完善体育场馆的税收政策,将已有的相关税收优惠政策制度化,进一步明晰体育场馆的税收政策。房产税和城镇土地使用税,这两项税费的征收应作出调整,仅对对外租赁的场馆征收这两项费用,减免体育场馆自用房产的房产税及城镇土地使用税,此外应控制体育场馆建设的规模,以降低房产原值,从而降低从价计征的税额。体育场馆不断改善运营能力,减少租赁,从而降低重复计税的税额,增加各类活动的开展,优化体育场馆的收入结构。

四是拓宽投融资渠道。打破垄断,引入市场竞争机制,开放体育场馆投资、建设和运营,制定相应的政策,鼓励和引导民间资本参与体育场馆的建设和经营,鼓励民间资本以合资、独资、合作等方式参与体育场馆的建设和运营。鼓励和引导金融机构支持民间资本投资体育场馆设施建设。坚持体育场馆公益性、公用性的性质,采用补助、贴息等形式,以及优惠的土地价格以降低投资风险,加大投资的引导力度。

（3）体育赛事服务业

一是加快体育赛事管理体制改革。我国体育竞赛表演业现行的投资主体是政府,要积极转变政府职能,不断加快体育赛事管理体制的改革。政府在体育竞赛行业中应更多地发挥引导、协调、服务、监督的作用,政府要不断完善发展体育竞赛业的相关法规、举措,减少甚至取消不必要的行政审批项目,最大限度地在安全、税收、宣传等方面给予政策扶持,为体育赛事的举办创造良好的环境。改革管理体制,吸引民间资本介入或参与体育竞赛表演业,鼓励社会各界承办或以冠名、特许、专营等形式赞助体育赛事,注重赛事无形资产的开发和保护,更有效地发挥现有体育场馆的功能,从而推动体育竞赛表演业的良性发展。

二是健全和完善体育经纪行业管理体制。不断完善并出台促进体育竞赛表演市场发展的法律法规,加快体育经纪行业的发展,培养专门的经营人才。将体育经纪机构和体育经纪人纳入工商及体育行政部门的监管范围,形成政府监管和行业自律相辅的体育竞赛中介市场监管体系。完善资格认定、保证金制度、合同管理制度、行业服务标准制定等制度体系,并交由行业组织来管理;工商则负责组织机构及个人的注册登记、年检等监管事宜;体育行政部门负责协调、沟通、仲裁、违规处罚、培训等相关事务,从而构建完善的体育经纪行业的管理体制。

三是制定和健全体育赛事相关的政策法规体系。制定并完善体育赛事相关的政策法规体系,规范和扶持体育竞赛表演业的发展。出台组织体育赛事活动的相关法规条例,明确活动组织者或团体的主体资格、活动范围、服务职能、酬金标准、违法处理等一系列相关问题。完善体育赛事资源管理办法,明确体育赛事投资者、体育赞助商、俱乐部、体育单项协会、体育经纪机构、体育经纪人、体育管理者、运动员和教练员以及赛事相关的其他各个方面的权利、义务和职责,从实际操作层面确保体育赛事产业规范发展。出台金融、财税的扶持政策,通过减免税或延迟纳税等政策,鼓励投资开发体育赛事。

四是培育和发展体育竞赛市场。不断推动体育产业结构的调整,增加体育赛事特别是高品质体育赛事的有效供给,促进体育竞赛市场的发展。运用优惠政策,鼓励国内外的组织与个人以信息、技术、资本等多种形式参与开发多种体育赛事投资产品。不断拓宽体育赛事的盈利渠道,体育赛事转播引入竞争机制实现赛事经济效益最大化,创新门票销售方式提高上座率实现收益最大化。

（4）体育用品业

一是改善体育用品企业发展的外部环境。体育用品企业是具体政策的践行者,政策效应的好坏取决于企业微观的主体行为。政府应加强引导,改善体育用品业的投资环境,打造龙头企业或企业集团,培育体育用品品牌,形成区域特色的产业集聚区,促进体育用品企业集群化发展。构建完善的体育用品产业链条,从体育用品的研发、生产、销售形成完整的体系,建立有效的以行业协会、高等体育院校、科研机构为主的中介服务体系,提升品牌创新能力,同时充分发挥中介组织服务体育用品企业的桥梁纽带作用。充分利用各种渠道和平台,加强国际的交流与合作,融入全球产业链。

二是完善财税政策。不断加大政府财政的投入,扶持和鼓励民间资本积极投资体育用品行业,并给予必要的税收优惠政策。对有自主创新能力的体育用品企业应直接给予企业所得税、增值税等税收的优惠,从而提升企业的盈利能力,进一步增强其研发能力。政府还可以通过设立专项基金、创业基金等基金引导,加大对初期进入体育用品行业企业的资本投入。

三是健全金融政策体系。积极推进体育用品业的投融资模式创新，努力探索多元化的投融资渠道。积极鼓励和引导大型企业、跨国企业乃至民间资本投资体育用品业，拓宽投资渠道。整合优化信贷资源，创新融资租赁、发行企业债券等融资方式，多渠道解决体育用品业发展的投入问题。建立有利于中小企业发展的专项基金，发展担保公司，有效缓解中小企业融资难的问题。鼓励金融部门创新金融产品，更好地为体育用品企业服务，构建银行和企业的交流平台，加强银行与企业的沟通。

四是健全知识产权保护制度。不断加强体育用品制造业的标准化建设和质量认证，健全知识产权保护制度，加大知识产权保护力度，鼓励和保护体育用品企业研发创新，为体育用品业的发展创造良好的法律环境。

（5）体育旅游业

一是加强区域整体规划，差异化发展。首先加强统筹规划，从区域整体的视角，尊重客观规律的基础上，考虑已有体育旅游布局，根据资源的共性和差异性特点整合资源，加强区域间的沟通与协调，充分发挥区域的比较优势，协调区域内的体育旅游资源合理开发。其次注重地区差异，重视自主知识产权。当前一些地方在体育旅游项目开发中，喜欢舶来品，甚至抄袭体育旅游产品，以为只要体育旅游项目齐全，就能吸引游客，在举办赛事时也是来者不拒。体育旅游与其依托的城市有着千丝万缕的联系，只有与城市文化息息相关，符合当地实际需求的体育旅游产品，才能更好地被市场接受，有完全知识产权的体育项目，才更容易创出品牌。用理性的分析和冷静的头脑，在做好调研和规划基础上，充分利用独特的文化资源，结合体育项目、体育文化活动、体育商务活动、体育赛事活动等资源，展开区域特色体育旅游产品开发，同时不断完善各地的体育旅游设施，在产业集聚和产业演进中特色发展、梯度发展。

二是健全区域营销体系，整体发展。首先是区域整体形象塑造，整体形象塑造是体育旅游业发展的重要环节，包括外部形象宣传，区域地方政府需整合资源、提炼特色，形成统一的、有特色的体育旅游整体形象设计；通过场地设施等硬件、服务水平等软件的提升来提高客户满意度，从而提升整体形象，例如构建区域公共服务平台、优化区域环境、完善基础设施建设等。其次是新开发的体育旅游项目、体育旅游产品必须具有一定的社会知名度，通过建立区域整合信息平台，进行区域体育旅游形象统一塑造，项目及产品联合营销。最后建立协调机制，统一制定价格标准，要使各地都能在规定的价格范围内展开有序竞争。

三是完善税收政策。首先，体育旅游涉及游、住、行、吃、购、娱等各类企业,而不同行业的税负政策不一,国家层面对旅游行业的整体扶持力度又偏弱,这势必会影响体育旅游经济的整体发展。其次,保持合理的地域性差异,区域性差异是指对不同的地区采取不同的税收政策,促使当地体育旅游业的发展,区域性合理的税收政策差异对不同区域体育旅游业的发展有推动作用,可以促进落后地区体育旅游经济发展,实现区域体育旅游产业协调发展。第三,完善体育旅游业市场价格体系,政府适当干预体育旅游市场,完善并细化体育旅游市场价格的有关法律法规。

四是完善体育旅游服务体系。发展体育旅游业必须完善服务硬件体系,主要包括服务体系和公共设施体系,其中,服务体系主要以娱乐餐饮、宾馆、旅行社、交通运输、贸易金融、设施等为主要构成;公共设施体系主要包括停车场、通讯服务、财产保障、医疗设施等。在发展体育旅游的同时,要不断完善与体育旅游相关的服务硬件体系,只有这样才能更为充分地挖掘其内在潜力。重点构造一个覆盖主要体育旅游中心城市和主要体育场馆的便捷、快速、立体的交通体系,形成不同交通方式之间的良好衔接。完善主要体育旅游城市与重要体育场馆的旅游专用道路以及各类交通枢纽的配套功能,形成区域间联系便捷的公路交通服务网络。以市场为导向,建设多样化的住宿设施,优化星级饭店的结构、档次与空间分布。鼓励合资、独资旅行社进入市场,引导企业并购重组,走品牌化、集团化、网络化经营之路,规范旅行社行业管理。提高服务的内在素质,从业人员的素质高低是提升服务质量的关键,加大教育和培训力度,不断提高体育旅游从业人员的整体素质与水平,并积极引进高质量人才。通过建立网络化、标准化、智能化的旅游服务体系,提高体育旅游服务的内在素质和智能化服务水平,全面提高能力。

5 长三角体育产业区域协同发展的问题及成因

5.1 长三角体育产业区域协同发展的问题

5.1.1 议而未决或决而未行

各行政区域间的合作都会通过不同的协调机制讨论合作过程中可能出现的问题以及解决方式,进而形成相应的文件,签订相应的合作协议,如长三角两省一市体育行政部门签订的《长三角地区体育产业协作协议》。但从不同区域地方政府间讨论的议题来看,区域间合作需要解决的问题有着惊人的相似。也就是说,之前需要解决的合作过程中可能出现的问题仍然没有解决,合作协议没有得到很好的执行,问题依然存在。这也充分地说明了当前区域地方政府间合作的协调机制对政府间合作过程中某些已有的问题并没有达成共识,抑或即便签订了合作协议,也没有得到有效的执行,区域合作并未起到应有的效果。政府间合作缺乏一套制度化的协调机制,政府间合作如何遵循标准化的程序与流程,如何达成共识,如何有效地执行合作协议,还缺少一个有效的协调机制。多年前被提及的问题尚未得到有效解决,合作协议的执行效果尚待考察。

5.1.2 缺乏有效的法律约束

大多数情况之下,各地政府之间的合作都是基于自身利益的考虑而决定是否与其他地区合作,但这种合作却因为缺少应有的权威与法律保障,甚至没有一套完善的协调机制,才会导致在合作过程中存在不合作甚至竞争的情况。因此,当合作协议签订之后,各地方政府仍然有可能在合作的过程中以自身利益为重,发生恶性竞争的现象,甚至还会发生倒退的可能。各地方政府顾全的是自身利益,而没有考虑区际的横向合作以及合理的区际分工,而各地的体育企业等经济运行主体亦首先考虑的是自身的利益,致使全局观缺乏。在政治的互动过程中,每一个参与方都是理性的利己主义者,都意在谋划各自的利益,而缺乏区域开发的整体规划与考虑。尤其是在招商引资的过程之中,不同的地方政府为了争取到更多的企业落地本辖区,甚至以超出国家优惠规定标准的范围来降低土地价格或者税收优惠,存在严重的恶性竞争行为。这就缺乏一套有效的法律约束体系,从而导致地方政府在合作过程中的机会主义倾向,即当合作的目标与地区经济社会发展、与官员政绩或个人利益有悖时,就难以避免出现损害合作整体利益的现象。对这种行为,缺乏应有的法律约束和制裁,就不利于合作的顺利进行。

5.1.3 缺乏宏观政策支持和制度创新

由于权力的相对集中,使得地方政府自主权受到一定的限制,因此,从某种程度来说,如何破解地方体育行政部门间合作的体制障碍很大一部分依赖于国家体育总局能否采取相应的措施。但从当前合作的情况来看,总局除了制定体育产业的整体规划之外,在区域合作管理组织的建立、多元合作机制的建立、生产要素的流动等多方面还缺乏有力的政策保障,而且区域规划中缺乏具体的合作措施,这些都制约着区域间合作。

5.2　长三角体育产业区域协同发展的阻碍要素

5.2.1 行政区的刚性约束

由于我国条块管理体制机制的诟病,地方政府掌握着巨大的行政权力,占有各种行政资源,加上幅度过宽的行政自由裁量权,使得地方政府对市场经济的运行进行不合理的行政干预,出现了所谓的行政区经济。行政区经济是指由于行政区划的先定性而产生对区域经济的刚性约束,是我国在从传统计划经济体制向市场经济体制转轨过程中,出现的具有过渡性质的一种特殊区域经济现象。受到这种行政区经济的副作用影响,区域内地方政府各自为政,设置行政壁垒,大多的财力被投入到本辖区的经济发展中,而且局限于本地区的管理和公共产品的提供,影响了区域内各方的协调发展,正是由于体制的刚性约束,使得区域合作的形式无法深化,只停留在表面。长三角两省一市分别隶属于不同的行政区划,长期受行政边界的羁绊,各地体育行政部门更多的是考虑所属辖区域内体育产业的发展以及产业目标的实现,缺少区域间的产业分工与合作,忽视区域的整体利益,各地体育行政部门各自为政的现实情况阻碍了商品以及生产要素在区域内部的流通,扰乱了地区体育产业结构调整的步伐,尤其是部分城市的体育产业发展水平相对较高,协调两地间的体育产业合作就相对比较困难。地方体育部门为了确保本地利益的最大化,甚至为了绩效评估,设置较高的市场准入门槛,违背市场规律,扰乱公平竞争的市场秩序。如,地方政府实行行政干预,制定明显有利于本地企业发展的产业政策,区别对待本地企业和外地企业,鼓励消费者消费本地企业生产的产品,约束限制外地企业,同时控制本地企业资金流入外地,实行垄断政策,虽然在短期内,可以促进本地区产业的发展,但是从长期来看,势必影响产业竞争力的提升,束缚了区域内资源的有效配置。市场分割和地方保护主义使得辖区外的竞争性产品无法自由流动,利用行政权对企业的发展进行干预,对本地企业实行保护和给予各种优惠政策,而对外来企业没有实行与本地企业同等的税收减免或返还政策。这不利于区域内地方政府形成全面性、多层次的合作治理,使得区域体育产业治理陷入困境,制约了长三角区域体育产业的发展。

5.2.2 产业结构趋同及发展模式存在差异

由于行政区划的限制而导致区域内各级地方政府无法站在区域的整体利益上来进行区域产业结构的规划。长三角区域内各个地区的产业结构布局受到各辖区现有壁垒的约束,无法改变趋同的产业结构。从现有的情况及各地体育产业发展规划来看,体育竞赛表演业、运动休闲业、体育场馆服务业、体育培训业等行业均是两省一市的重点发展产业。此外,体育用品制造业也是浙江和江苏两省的重要发展行业,浙江和江苏的制造业比较发达,而且成本较上海要低,而上海主要在资本技术类产业有比较优势,能够为浙江和江苏提供技术、人力资源和其他方面的服务。由此可见,区域内各地的体育产业相似度高,而且体育产业相似度还在提高。

长三角区域内两省一市的经济发展模式各具特色和优势,上海市采用政府主导的经济资源一体化发展模式,江苏、浙江两省则是通过市场竞争机制来实现经济资源一体化发展。两省一市体育产业的发展中存在体制、区域和发展模式等方面的差异,各地体育产业的发展还是以自身为主,虽然有体育行政部门间的合作平台,但是参与的主体不够多元,合作不够深入,进而将制约江浙沪体育产业的深度合作与长远发展。

5.2.3 区域间竞争加剧

区际的不正当竞争现象不断出现,主要体现在招商引资方面,地方体育行政部门为了实现地方体育产业的快速发展,以资源换增长,不断降低市场准入和管制标准。招商引资成为地方的头等大事,为了获得更大的比较优势,地方政府纷纷以远低于成本价的土地价格吸引资金,税收政策也一再突破国家规定的优惠政策的底线,出现不正当的让利竞争。区际的不正当竞争使得优惠政策的内涵变质,成为吸引投资者到本地区的一个不正当竞争手段。这不仅导致投资建设重复发生、本辖区行政部门的短期行为频发,而且不能为体育产业的发展提供一个良好的合作环境,损害了区域协同发展的目标。区际竞争加剧关键的一点是地方政府运用手中垄断的行政权力进入市场,试图通过权力的权威性来调节对市场资源的支配,不断干扰市场的自由运行,而且在此过程中容易发生地方政府或是官员与投资者的官商勾结,成为腐败滋生的温床。此外,在区际的竞争中,处于优势地位的政府可以轻而易举地吸引资金,而处于劣势地位的地区就得不到资本、技术的支持,这样一来就扩大了区域内各地区之间的发展差距并呈现出不断扩大的趋势。

5.2.4 区域合作缺乏权威性和行政手段

在长三角城市群区域合作进程中,虽然已经建立了长三角地区合作与发展联席会议、长三角地区城市经济合作组、联席会议办公室和重点合作专题组等办事机构,但这些办事机构还缺乏行政约束力,无法在具体的产业布局中发挥应有的作用。在体育发展方面,早在 2003 年江浙沪体育局代表在建设长三角体育圈联席会议上就签署了《促进长三角体育合作构建长三角体育圈意向书》,同年"国家体育局全国社会科学规划会暨长江三角洲体育圈建设研讨会"在上海召开,全国各地体育科研工作者们围绕长三角地区的体育产业、体育圈结构、体育法制建设、竞技体育和群众体育等话题展开研究。长三角体育产业协作则始于 2012 年,2012 年浙江、江苏、上海两省一市首次召开长三角体育产业协作会议,同时开启区域体育产业协作之旅。长三角体育产业合作实施轮值会议制度,进而建立日常沟通交流机制,以明确合作项目推进路径。2016 年,协作会议就长三角体育产业的常态化协作机制开展了讨论,并给出了"2016 年长三角地区体育产业协作工作计划""2016 年度长三角体育产业人才培训方案""2016 年度长三角运动休闲体验季活动方案"等方案。但是由于只是轮值会议制度,缺乏应有的行政级别、必要的权威性与相应的行政手段等问题,很多工作成果难以落到实处,有效推动长三角体育产业合作与较快发展的动力不充分。

区际的协商机制是建立在各个政府主体平等自愿、互利互惠的基础上,就各方在公共服务供给中想要达成合作的目标和内容进行沟通和协商,使各方偏好基本达成一致,以形成合作共识的一种管理机制。[①] 当前长三角体育产业区域协作地方政府间的合作水平不高,在合作初期虽然能够发挥弥补市场对资源配置缺陷的作用,但是无论从合作的形式、合作的主体还是从区域长期合作发展来看,都是一种合作乏力、合作水平低的模式。

5.3 阻碍长三角体育产业区域协同发展的成因

5.3.1 抽象角度阐释成因

5.3.1.1 需求偏好的角度

人类一切活动的目的是满足自身的需要,而且人类的需要是复杂多样的,具有不确定性并呈现出不断变化的态势。不同的需要起源于人们不同的需求偏好,影响人类需要的因素多种多样,可以说这些因素涉及方方面面,影响人的生存和发展。地方政府在决策时也同样会有利益的偏好,体育行政部门基于利益的考量,决定是否参与区域间的合作,但在合作的过程中却有着不同的利益需求,即不同的需求偏好,也就是说各个地区在做出是否参与合作的决策时是存在需求偏好的。不管是出于个人利益、部门利益亦或地方利益,这种偏好都是普遍存在的。正如孟德斯鸠所言:"法律总是要遇到立法者的感情和成见的。"[②] 当各地体育行政部门间合作的项目与官员个人利益、部门利益亦或地方利益存在冲突时,合作就

---

① 尹艳红.地方政府间公共服务合作机制 [M].北京:国家行政学院出版社,2013:55.

② [法]孟德斯鸠.论法的精神 [M].张雁深译.北京:商务印书馆,1963:303.

很难达成,而防止各地体育行政部门做出带有利益偏好的决策使合作无法进行的最好办法就是让不同的利益主体参与其中。每个利益主体都可以根据自己的需求充分地表达自己的意见与诉求,最大程度满足每个主体的利益诉求,形成多元主体共同参与的局面。但各地体育行政部门在做出这种决策时,往往缺少民主的参与,而做出不合作的决策往往是基于狭隘的个人利益或者部门利益。需求偏好的多样性在某种程度上说正是社会不断向前发展的动力所在,也是各地制定不同的体育发展战略的表现。而对于区域内有着长远战略意义的合作项目来说,这种不同的需求偏好可能正是阻碍合作的因素,使合作陷于困境之中。

5.3.1.2 机会主义倾向的角度

机会主义倾向是指人们利用不正当的手段,如有目的、有策略地利用信息,依据个体目标对信息加以筛选、扭曲,违背对未来行动和责任的承诺等谋取自身利益的行为倾向。因此,从实际上来看,机会主义倾向是对"经济人"假定的补充。机会主义倾向可分为事先的机会主义和事后的机会主义。在各地体育行政部门间的合作过程中,由于个体所拥有知识的不完备性可能导致合作的一方比另一方更清楚地了解合作给双方带来的利益大小的分配,那么就有可能不向另外一方反映真实的情况而得到更多的好处。这种行为就是事先的机会主义行为。而事后的机会主义行为则更多地表现为合作的双方不履行合作之前签订的协议与承诺。机会主义的行为倾向常常与"经济人"假定的行为结合起来。各地体育行政部门也有自己的需求偏好,存在各自利益的追求,谋取利益的手段更为隐秘,可以采取正当手段亦可采取不正当手段,何时何地采用何种手段是不确定的,为此,不管是事前的机会主义行为还是事后的机会主义行为都有可能使彼此间的合作流于形式或空谈。

5.3.1.3 利益关系的角度

长三角两省一市地方政府间合作和竞争的逻辑起点是地方利益。"经济人"假设作为分析个体经济行为的分析工具,也可用来分析地方政府的行为方式和地方利益这种内在动机,"经济人"假设可以有效地解释长三角区域内地方政府间的合作和竞争为什么会出现异化问题。古典经济学理论认为,人类的经济行为是理性的,其目的无非追求最大的利益,这就是所谓的"经济人"假定。"经济人"假定不仅适用于市场主体的行为分析,按照公共选择学派的观点,它同样适用于政治市场上的非市场行为分析。政府作为负责公共事务的机构,其存在的逻辑前提和职能是代表公共利益,提供公共物品,争取社会福利最大化。但是另一方面组成政府的公务人员与社会公众一样,他们也都是在特定约束条件下追求自身利益最大化的行为者。与普通的社会公众不同的是,这些公务人员是公共权力的行使者,由此就可以在监管不力的时候利用公权力追求不正当的或非法的私利,政府就成了具有特权的"经济人",因此,政府在实际运作中所代表的往往并非真正的公共利益,至少并不全是公共利益,常常是地方政府自身的特殊利益。这些利益并不仅仅局限于物质财富,还包括非物质的利益,如社会地位、个人名誉、政治晋升等。当地方公共利益与政府的特殊利益出现偏差甚至冲突时,是否维护地方公共利益全凭地方政府决定,甚至全凭主管领导来决定,而且地方政府与其他利益主体相比时,由于掌握着公共权力,就便于调动公共资源,在决策中就处于有利的地位,这就为其利用公共权力谋取私利提供了便利条件。

地方政府在与其他地方政府合作和竞争中任何政策的出台都是跟当地利益密切相关的。当处理公共问题时,地方政府首先会从自身利益出发而不是从区域的宏观利益考虑,当合作和竞争不符合自身地方利益时,就会退回自己所辖的行政边界之内,出现对区域政策的冷漠甚至是抵抗性行为,这是一种典型的排他性"经济人"行为。换句话说,长三角两省一市的体育行政部门的最高利益有重合的部分,但是并不完全一致,甚至部分利益还存在着冲突。虽然区域内的各个地方政府都希望从合作和竞争中获得收益,但是现实很难获得利益最大化,原因就在于利益分配的不均衡。这说明在区域体育产业治理中,地方之间的利益差异是普遍存在的,地方政府会按照理性"经济人"的思路来行动,所以说地方政府并不是排除独立的地方利益而为了公共利益行动的"公共人",结果很明显会出现区域内各个地方政府之间的对立博弈。

区域内地方政府间的合作可以说是源于利益,而合作的阻碍要素同样也是根源于利益。由于区域内地方政府在地理位置、交通状况、资源分布情况等方面存在较大的差异性,导致产业发展水平各不相同。地方政府在发展地方经济时对地方政府间合作项目的选择就会存在一定的分歧,某些地方政府亟须发展的项目可能就和其他地方存在冲突,甚至与区域内整体利益并不是完全一致。当发生这种情况时,地方政府就倾向于以自身利益为重,背离合作。因此,当地方政府利益与区域内整体利益发生矛盾时,地方政府基于自身利益最大化的内在动因的驱使,就很难达成合作,或者这种合作并不能起到应有的效果。

从长三角现存的协同发展事实可以观测到域内地方利益最大化的

形成有四个基本要素。一是利益诱因。它是通过利益来决定区域内地方政府是否展开共同行动的关键要素，如果没有利益诱因这个要素，作为"经济人"的地方政府是不可能共同治理区域事务和提供公共服务的，而上级政府的优惠政策或是外部市场的刺激或是社会组织的呼吁都能够将区域协同发展提上政府议程。二是利益制约。主要表现在为了推动区域发展按照预期进行，进而为区域内各个地方政府行为得到必要制约而制定的各类规章制度。在市场经济发展过程中区域内地方政府容易面对内部的毁约风险，形成内耗，这对区域协同发展是有阻碍的，为此加强规章制度的约束性能够提高区域合作和竞争的稳定性，保证各方利益不因为外在或是内在危险的威胁受到损害。三是利益交流。主要可以为区域内各个地方政府提供对称的信息来源，增强相互的信任度，只有相互交流相互理解，才能达到利益的一个平衡点，但是地方政府如果出于自身利益考虑截留信息，不和其他成员共享关键性信息的话，必然造成恶性竞争、地方保护主义或是其他不利结果。四是利益分享。实现成果共享是区域协同发展的最大化目标，当然至于具体的分配方案则是根据在区域协同过程中责任大小、投入多少等方面来决定，但一定是处于一个利益平衡状态。因此虽然当前区域协同发展的障碍是"行政区经济"，表面上是由于行政壁垒所产生的经济隔离现象，但本质是区域内各地方政府之间利益没有达到均衡的矛盾。

由此可见，利益是实现区域内各个地方政府合作目标的关键，但是实现这个目标有两个基本原则：一是协同发展的收益一定大于单独行动的收益，即符合治理预期；二是最后获得的收益必须共享，而且合理分配。通常区域内的某个地方政府由于受到内在动力或是外部刺激的影响，会在区域内寻找与自己利益符合的其他地方政府进行必要的合作和合理的竞争。若是预期太小或者不符合各自的期望，那么摒弃区域协同发展就成了最后的抉择；再者若是区域协同后的预期得到实现，但是某个地方政府获得较大份额，而没有根据事先约定的比例来分配，就会产生地方政府之间的冲突甚至是对抗，那么协同发展机制就会被破坏，不能长期性持续性地进行区域协同，即使这次能得到最大份额的收益，也只是短期的收益。

5.3.1.4 合作性关系的角度

埃莉诺·奥斯特罗姆认为，在一定的自然条件下，面临两难处境的人们,可以确定他们自己的体制安排,来改变他们所处的情况的结构。[①]因为单个地方政府无法解决具有非排他性和非竞争性的公共事务,即一个地方政府解决区域内的公共事务就会导致其他地方政府无须付出就可以免费地收益,出现搭便车的现象。这也主要是根据理性"经济人"这个基本假设来考虑的,这也说明集体行动的难度。首先要说明的是,各地体育行政部门具有"经济人"特性的原因,开始初期会根据自己的理性选择短期利益的方案,但是经过无数次长期的重复对弈后,只有合作才能形成巨大效益。

构成博弈的要素有三个,即博弈主体、博弈策略、各自的收益,通过博弈做出最佳策略选择。参与博弈的主体分别是 A 地体育行政部门、B 地体育行政部门及 C 地的体育行政部门,在博弈的策略集分别用 S_A、S_B、S_C 表示,其中 $S_A = (S_{A1}, S_{A2})$,S_{A1} 选择区域间合作策略,S_{A2} 选择区域间不合作策略;$S_B = (S_{B1}, S_{B2})$,S_{B1} 选择区域间合作策略,S_{B2} 选择区域间不合作策略;$S_C = (S_{C1}, S_{C2})$,S_{C1} 选择区域间合作策略,S_{C2} 选择区域间不合作策略。关于各地选择区域间合作的收益,假定 A、B、C 三地的体育行政部门均存在各自应投入的成本,分别用 a、b、c 表示。若 A 地体育行政部门选择参与区域间合作,则要支付 a,此外也会产生自身收益 a_1 以及三地均益 a_2;若 B 地体育行政部门选择区域间合作发展,则要支付 b,也会产生 b_1 和 b_2;若 C 地体育行政部门选择区域间合作发展,则要产生 c_1 和 c_2;如果 A、B、C 三地均选择区域间不合作,也就不必支付任何成本,也不会产生任何收益。博弈将会出现八种策略。

如果 A、B、C 三个地区体育行政部门均选择区域间合作发展,那么分别将投入各自的成本,并产生相应的收益,此时,A 地区将获得 $a_1+a_2+b_2+c_2-a$ 的收益,B 地区将获得 $b_1+a_2+b_2+c_2-b$ 的收益,C 地区将获得 $c_1+a_2+b_2+c_2-c$ 的收益;如果 A、C 两个地区体育行政部门选择区域间合作,而 B 地区选择不合作,那么 A、B、C 三个地区的收益分别为 $a_1+a_2+c_2-a$,a_2+c_2,$c_1+a_2+c_2-c$;如果 A、B、C 三个地区的体育行政部门分别选择不合作、合作、合作,那么三个地区的收益分别为 b_2+c_2,$b_1+b_2+c_2-b$,$c_1+b_2+c_2-c$;如果 A、B、C 三个地区的体育行政部门分别选择不合作、不合作、合作,最终结果 A、B 两地可以搭便车获得收益 c_2,而 C 地区的体育行政部门的最终收益为 c_1+c_2-c;如果 A、B、C 三个地区的体育行政部门分别选择合作、合作、不合作,其结果,A 地区会产生 $a_1+a_2+b_2-a$ 的收益,B 地区会产生 $b_1+a_2+b_2-b$ 的收益,C 地区则会以搭便

---

① [美]埃莉诺·奥斯特罗姆.公共事物的治理之道——集体行动制度的演进[M].上海:上海译文出版社,2012.4.

车的形式产生 a_2+b_2 的收益；如果 A、B、C 三个地区的体育行政部门分别选择合作、不合作、不合作，其三个地区产生的收益分别为 a_1+a_2-a、a_2、a_2；如果 A、B、C 三个地区的体育行政部门分别选择不合作、合作、不合作，其产生的收益分别为 b_2、b_1+b_2-b、b_2；当然，如果三个地区的体育行政部门均采取不合作的策略，那么三方的收益均为零。表 5-1 和表 5-2 分别表示 A 地区体育行政部门选择合作和不合作策略下 B、C 两个地区体育行政部门的策略选择。

表 5-1：合作策略收益矩阵（A 地区选择合作策略 S_{A1}）

B ＼ C	S_{C1} 合作	S_{C2} 不合作
S_{B1} 合作	（$a_1+a_2+b_2+c_2-a$，$b_1+a_2+b_2+c_2-b$，$c_1+a_2+b_2+c_2-c$）	（$a_1+a_2+b_2-a$，$b_1+a_2+b_2-b$，a_2+b_2）
S_{B2} 不合作	（$a_1+a_2+c_2-a$，a_2+c_2，$c_1+a_2+c_2-c$）	（a_1+a_2-a，a_2，a_2）

表 5-2：不合作策略收益矩阵（A 地区选择不合作策略 S_{A2}）

B ＼ C	S_{C1} 合作	S_{C2} 不合作
S_{B1} 合作	（b_2+c_2，$b_1+b_2+c_2-b$，$c_1+b_2+c_2-c$）	（b_2，b_1+b_2-b，b_2）
S_{B2} 不合作	（c_2，c_2，c_1+c_2-c）	（0，0，0）

从表 5-1 可知 A 地区选择 S_{A1} 策略区域间合作发展时，B 地区与 C 地区选择的策略各不相同。从 B 地区来看，只要 $b_1+a_2+b_2+c_2-b> a_2+c_2$ 且 $b_1+a_2+b_2 -b> a_2$，即 $b_1+b_2>b$，无论 C 地区是否选择区域间合作发展，B 地区只要选择合作策略可以获得最大收益，那么 B 地区将选择的占优策略是区域间合作发展。反之，$b_1+b_2<b$，那么 B 地区选择不合作收益最大，且与 C 地区是否参与无关，此时 B 地区的占优策略是不参与区域间合作发展。从 C 地区来看，只要 $c_1+a_2+b_2+c_2-c> a_2+b_2$ 且 $c_1+a_2+c_2 -c> a_2$，即 $c_1+c_2>c$，则 C 地区的占优策略为参与区域间合作发展。反之，如果 $c_1+c_2<c$，那么 C 地区选择不合作收益最大，此时 C 地区的占优策略是不参与区域间合作发展。

表 5-2 在 A 地区选择 S_{A2} 策略区域间不合作发展时，B 地区与 C 地区的占优策略依然各不相同。从 B 地区来看，只要 $b_1+a_2+b_2+c_2-b> c_2$ 且 $b_1+b_2 -b>0$，即 $b_1+b_2>b$，B 地区只要选择参与区域间合作发展的策略可以获得最大收益，与 C 地区的策略无关，那么 B 地区将选择的占优策略是合作。反之，$b_1+b_2<b$，B 地区的占优策略是不合作。同理，C 地区只要 $c_1+c_2>c$，选择的占优策略为合作，反之，$c_1+c_2<c$，C 地区将选择不合作。

由此可见,若三个地区各自的收益都大于支付的成本,那么均会选择参与区际合作发展。各地的体育行政部门都是理性的"经济人",必然选择符合自身利益最大化的方案,那么就是自身不支付成本而获取利益,其最终结果必然是阻碍体育产业的发展。而区域合作中由于政府合作协调相关机制的不健全,不同辖区的地方政府没有获得对称的信息,使得合作的契机无法正常产生,进而导致区域内重复建设、不良竞争时有发生。在这样的不利情况下,要促使各个地区选择协同发展的方案,只有通过利益这个根本出发点,来改变区域内体育行政部门做出最终策略。在整个博弈的过程中,不同地区各自的预期收益能否满足各自的地方利益和区域整体利益就成了非零和博弈的前提条件。要避免零和博弈的出现,博弈三方在博弈过程中,需要中央政府对博弈过程进行干预,需要改变不利于结果的博弈方向,使之朝着预期发展,但是不能只改到朝自己方向发展的局面,需要考虑到整体利益。

5.3.1.5 竞争性关系的角度

区域内各地的体育行政部门间的竞争性关系是指在社会主义市场经济的发展过程中,为了吸引各种资源来提高本地区的体育产业的发展水平,区域内各地体育行政部门通过加强市场要素流动和交换、完善市场环境和争取中央优惠政策等方式而在各个行业展开竞争的总和。区际竞争主要目的是区域各体育行政部门本着实现区域内体育产业的发展和地方利益的最大化;区际竞争的手段主要有行政管理、规章制度和财政等手段,竞争手段的权威性高,而市场机制中的竞争手段是通过价格手段来吸引消费者或是投资者,当然不可否认的是一些市场主体为了实现不正当利益通过不正当手段来竞争,主要是贿赂,产生官商勾结的现象;区际竞争的结果,各个参与方都存在正负效应,区域内体育行政部门间的竞争过程中,一方能够获得战略发展,并不说明另一方必然失去发展的机会,也有可能通过区域的发展获得收益,也有可能通过其他地区承担的项目来负责其中的子项目。本研究所讨论的是长三角区域内各地体育行政部门间的横向关系,因此只存在横向竞争性关系,而没有上下级的隶属即不考虑纵向竞争。仍然通过博弈来构建区域内各地体育行政部门间的横向竞争关系即行动策略的选择。

A地体育行政部门、B地体育行政部门及C地体育行政部门,在竞争性关系中的博弈的策略集分别用S_A、S_B、S_C表示,其中$S_A=(S_{A3}, S_{A4})$,S_{A3}选择"良性竞争策略",S_{A4}选择"不良竞争策略";$S_B=(S_{B3}, S_{B4})$,S_{B3}选择"良性竞争策略",S_{B4}选择"不良竞争策略";$S_C=(S_{C3}, S_{C4})$,S_{C3}选择"良性竞争策略",S_{C4} 选择"不良竞争策略"。假定 A、B、C 三地的体育行政部门无论良性竞争关系还是不良竞争关系各自均需要投入一定的成本,分别用 x、y、z 表示。若 A 地体育行政部门选择良性竞争,则要支付 x,此外也会产生自身收益 x_1 以及三地均益 x_2;B 地体育行政部门要支付成本 y,也会产生自身利益 y_1 和均益 y_2;C 地体育行政部门要支付的成本用 z 表示,亦会产生 z_1 和 z_2。为此,构建博弈矩阵表 5-3、表 5-4。

表 5-3:良性竞争策略收益矩阵(A 地区选择良性竞争策略 S_{A3})

C / B	S_{C3} 良性竞争	S_{C4} 不良竞争
S_{B3} 良性竞争	($x_1+x_2+y_2+z_2-x$, $y_1+x_2+y_2+z_2-y$, $z_1+x_2+y_2+z_2-z$)	($x_1+x_2+y_2-x$, $y_1+x_2+y_2-y$, x_2+y_2)
S_{B4} 不良竞争	($x_1+x_2+z_2-x$, x_2+z_2, $z_1+x_2+z_2-z$)	(x_1+x_2-x, x_2, x_2)

表 5-4:不良竞争策略收益矩阵(A 地区选择不良竞争策略 S_{A4})

C / B	S_{C3} 良性竞争	S_{C4} 不良竞争
S_{B3} 良性竞争	(y_2+z_2, $y_1+y_2+z_2-y$, $z_1+y_2+z_2-z$)	(y_2, y_1+y_2-y, y_2)
S_{B4} 不良竞争	(z_2, z_2, z_1+z_2-z)	(0, 0, 0)

通过表 5-3、表 5-4 可以得出,在没有合作机制和良好的沟通平台条件的制约下,A、B、C 三地的体育行政部门选择的策略各不相同。可知 A 地区选择良性竞争策略 S_{A3} 时,B 地区与 C 地区选择的策略各不相同。B 地区的策略选择取决于自身利益 y_1 及三个地区的均益 y_2,只要 $y_1+x_2+y_2+z_2-y > x_2+z_2$ 且 $y_1+x_2+y_2-y > x_2$,即 $y_1+y_2>y$,无论 C 地区选择正当或不正当的竞争,B 地区将选择的占优策略是"良性竞争策略"。反之,$y_1+y_2<y$,那么 B 地区选择不良竞争的收益最大,且与 C 地区的策略无关,此时 B 地区的占优策略是不正当竞争亦或不良竞争。从 C 地区来看,只要 $z_1+x_2+y_2+z_2-z > x_2+y_2$ 且 $z_1+x_2+y_2-z>x_2$,即 $z_1+z_2>z$,则 C 地区的占优策略为良性竞争。反之,如果 $z_1+z_2<z$,那么 C 地区选择不正当竞争的收益最大,此时 C 地区的占优策略也将选择不良竞争策略。A 地区选择不良竞争策略 S_{A4} 时(表 5-4),B 地区与 C 地区的占优策略依然各不相同。从 B 地区来看,只要收益满足 $y_1+x_2+y_2+z_2-b > z_2$ 且 $y_1+y_2-y>0$,即 $y_1+y_2>y$,B 地区只要选择良性竞争策略可以获得最大收益,与 C 地区的策略无关,那么 B 地区将选择的占优策略是良性。反之,$y_1+y_2<y$,B 地区的占优策略是不良竞争。同理,C 地区只要 $z_1+z_2>z$,选择的占优策略为良性竞争,反之,$z_1+z_2<z$,C 地区将选择不良竞争策略。由此可见,最终的结果是区域

内的各个地区都会最终选择损失最小而获利最大的策略。假如选择不良竞争策略造成利益损失的值以十倍计,由于各地体育行政部门都选择这种不利于区域整体利益的方案,那么长三角区域体育产业的整体利益的损失就可能更大,甚至是百倍。但是经过多次的博弈,选择不良竞争策略会对各个地方体育产业产生影响,尤其是会对地方利益产生内在性的刺激,在之后的博弈过程中,各地都会在信任的基础上选择符合地区利益和区域利益的方案,即都选择良性竞争来发展,使得三方获得由良性竞争所带来的收益组合。

从博弈过程来看,区域内体育行政部门间的竞争会出现正效应和负效应两个结果。但这也只是相对来说的,可能负效应中存在着一部分的正效应,而正效应中也有可能存在着一部分负效应的干扰,但是不管怎么说正负效应都是客观存在的,就好像合作中存在竞争,竞争中也存在合作的现象。对正效应来说,当区域内各地的地方利益大体一致的话,那么三方都会通过竞争来追求区域的共同利益,以此来实现区域利益的最大化。如果区域内某个地区采取有效治理的措施,即不仅改善体育产业结构,而且实行制度创新,改变不合时宜的规章制度,这一系列措施符合地方长期利益和区域利益,那么在推动本地区体育产业发展中注入了强大的活力,为此,区域内其他地区就会受到该地的外在影响。对于负效应来说,如果区域内三方的利益不一致,甚至是对立的话,那么根据理性“经济人”的行为模式,就会选择实现本地方利益最大化的竞合模式,即不良竞争和不合作。尤其是在发生无序竞争时,各地方为了地方利益的获得,都会倾向于规避竞争所带来的压力而靠行政权威发展不良的发展模式,从而破坏市场竞争的正常性,造成重复建设、产业雷同、地方保护主义等负效应的出现。所以说这种短期性竞争行为是不利于区域整体利益的。

5.3.2 具体角度阐释成因

5.3.2.1 观念的不合理

由于计划体制的惯性使然,虽然当前“管办分离”“政事分开”“政社分开”“政企分开”进行得如火如荼,但不可否认的是地方体育行政部门在区域合作过程中还是表现得消极和被动,即使区域内各地间有必要进行合作或是良性竞争,也需要上级政府牵头,譬如市级体育行政部门间的合作需要在省级体育行政部门达成一致后才能进行,这对深化两地合作及体育公共事务的治理有所限制。

　　严重的属地观念也会影响区域间协同发展。条块管理使得各地体育产业的发展局限于当地的所属辖区。在分权化的背景下,区域内的体育行政部门拥有了在各方面的实质性权力,尤其是在体育市场经济方面,就意味着它逐渐成为代表地方利益的利益相关者,并只为本地区利益服务。而在区域公共服务和产品供给过程中,各个地方政府还是会因为属地观念的影响表现出不信任,封锁信息的交流渠道,从而形成不正当的竞争优势,造成区域内部资源的内耗和发展时机的流失,并且认为合作的话就会产生竞争对手。上海的中心区位已深入人心,而江苏、浙江两省的任何城市均不具有中心城市的区位优势,或者说没有比肩上海的优势,为此两省经济发展的制度创新方式和路径存在着差异,各个地区将选择符合当地利益的产业进行发展。

　　此外,不作为也是导致相关问题产生的原因。区域内省级体育行政部门合作意愿强烈,但是由于收益的不可确定及不可预测的风险,趋利避害特性的影响,某些市级行政部门跨区域合作的意愿就会降低,甚至不作为。如果区域协同发展能够达到预期效果,那么不仅能够发展地方利益,也会促进官员利益的增长;但是,如果协同发展造成损失,不仅对官员政绩产生影响,也会影响自己辖区的地方利益。

5.3.2.2 主体不够多元

　　政府的主导性过强。从体育产业的发展事实来看,政府依然发挥着主导作用,尤其在体育竞赛表演业。无论是政企合作还是政社合作,背后起推动作用的还是地方政府即体育行政部门,可以说这是典型行政主导模式。当然体育产业区域协同发展无法离开政府的作用,而且在合作初期需要政府的引导,才能不断推动合作的进程,整合分散的市场资源和体育资源,但是在步入正轨后如果依然是政府主导,就可能阻碍社会组织、企业的进入,最终无法实现区域协同发展的收益预期。在体育产业的发展过程中,可以观测到两个特征:一是,在市场经济运行中,区域内的体育行政部门惯性地替代体育企业或是体育社会组织进行规划;二是,体育部门的行政垄断行为亦或说是准市场主体行为。在这种情况下,区际合作过程中体育行政部门倾向于在自己辖区内进行决策以实现地方利益的最大化,并人为设置各种障碍,导致不合理竞争、不良竞争现象的涌现,打破了市场经济应有的规则,弱化了市场、社会等主体应有的地位。正是这个原因,社会力量很难进入体育产业发展的相关决策过程,限制了体育产业治理主体的多元化。

　　体育社会组织发育不完全。政府主导型治理模式是体育社会组织不能充分发展的原因之一,这表现为政府对公民社会的定位不科学、立法规范存在明显不足、对其审批和等级设置的门槛过高、非政府组织中存在行政化现象以及经费严重短缺等。体育社会组织发育不完全的特征表现为:一是,整体规模偏小、独立性较弱,受到资金、人员和政策缺失等影响,体育社会组织对社会的服务力量不强,虽然体育社会组织增长速度较快,但是相对于巨大的体育公共服务需求,体育社会组织无论在规模上还是服务内容上均不能满足社会需求,在提供体育健身的技术指导与服务、体育娱乐与休闲的技术指导及组织和服务、体育竞赛的表演及组织和服务、体育人才的培养与技术培训等方面严重缺位;二是,缺乏健全的服务体系,社会组织的成立需要有一系列的登记条件,使得很多社会组织无法登记,还缺少孵化和培育的机制;三是,政府职能未能彻底转变,使得体育社会组织依附于政府机构,成为其事业单位,体育社会组织尤其是体育社团官办性质更浓,同时部分体育类民办非企业(如青少年体育俱乐部)也带有政府色彩,运动项目协会、行业协会乃至部分民办非企业是直接由政府、体育行政部门发起组建的,而且双方的地位在现实中也是不平等的,体育社会组织无法准确获取应有的政策信息,也无法及时地有效地传达自己的意见,更谈不上参与到区域协同发展这个环节。

5.3.2.3 区际协调能力偏弱

当前,区际合作的推动跟各地领导的共识有关,这不仅不是正常化的合作方式,效果也会大打折扣,合作的效应得不到持久化,而且因为缺少地方政府间关系协调的平台,只要地方体育行政部门领导发生变动,就会出现原有建立的协调机构不能发挥作用的尴尬;并且已建立起的所谓相关机制,也只是会议机制和个别项目的合作机制,只通过采取会议的讨论形式,无法形成成熟化的区域协同发展机构的平台。再者在集体磋商的过程中也会陷入集体行动的困境,即在涉及本地区利益时分歧比较大,不能达成项目合作的意向,那么这种协商办法只是流于形式。

长三角体育产业的合作是以协作协议的形式展开的,在建立协调领导小组的基础上,由两省一市体育行政部门的领导担任专责组长、分管体育产业局领导担任副组长、相应的职能部门负责人为协调小组成员,由沪、苏、浙轮流召集联席会议,协调领导小组主要负责领导和组织区域体育产业协作工作,协调两省一市长三角合作办公室及省市政府相关职能部门,研究确定协作政策措施及对重大合作事项进行协调和决策等。联席会议是建立在以行政区为界别上的合作方式,组织也比较涣散,缺乏必要的组织协调能力,但最关键的在于难以突破固有行政壁垒的限制,使得在深入探讨问题时,各个地区还是会以地方利益为合作的出发点,而不是从长三角这个整体区域的高度来考虑体育产业发展的相关问题。即使能够进入实质性的政策执行阶段,当出现利益矛盾或者体制约束等深刻性问题时,该类合作形式无法完成协调区域内各个地方政府利益平衡的任务,无法实现区域内各主体自发主动的良性互动。

5.3.2.4 利益机制不健全

实现体育产业区域协同发展的目标主要是受区域内各个地区间的竞合状态影响的,公共问题合力处理的好处在于能够结合区域内政府、市场、社会优势,整合各种资源,从而提高区域的整体竞争力,使得区域利益实现最大化。但是在区域合作发展的框架中,无论是作为行政机构代表的各个地方体育行政部门,还是作为市场经济主体代表的各类体育企业,或是作为第三大力量代表的体育社会组织,它们很难直接获得根本利益,即实现利益共享。如果合作的结果无法实现各方主体的各自利益预期的话,就不能进行长期性稳定性的合作发展,就调动不起各地体育行政部门的积极性,反而会损害区域合作的内在动力。当前区域合作实践未能进入深入发展的阶段主要是因为各个主体的矛盾冲突集中体现在没有一个有激励作用的利益共享机制。在缺乏利益共享机制的这个弱势平台上无法充分保证各个利益主体合理公正的利益共享,各个利益主体也不能够通过制度化的形式表达自己的利益,当利益发生冲突时也不能够根据在以后合作过程中各方的投入以及贡献的比例来确定各个利益主体所获得利益的合理比例。这种利益共享机制的不健全也就无法夯实区域内各个主体参与的基础,无法打消各个主体的疑虑,无法增强区域内各主体之间的信任感。

此外,缺乏健全的利益补偿机制。对体育产业发展的各个参与主体来说,其所具备的实力并不完全一致,总是出现强势主体和弱势主体的力量对比。在体育产业区域协同发展过程中,要使竞争能力不同的主体利益达到平衡,就必须对区域内的整体利益进行再次分配,那么这就需要一个完善的利益补偿机制。但是从当前的情况来看,利益补偿一般通过税收返还或者财政补贴两种,于是就出现了地方的争取能力决定利益补偿的规模的情况,也产生了"跑部钱进"等非正常行政现象。各地体育行政部门都是从自身的利益出发参与规划的制定和政策的执行,以产业整合的名义实现自身结构的升级,但又不愿和其他主体制定互惠互利的方案。正是出于自身利益的考量,担心自身的利益不能最大化实现或是受到损害,加上没有健全合理的利益补偿机制的运行,结果其他利益主体的利益就难以实现,或者与获得利益的主体之间的差距比较大。

5.3.2.5 制度上的缺陷

各个地方政府在中央分权化改革过程中逐渐成为一个有独立目标的利益主体,能够在一定程度上做出符合本辖区利益的决策,但是地方政府作为下级行政单位必须执行中央的政策方案,完善上级政府指定的社会经济发展规划,同时,作为本地区公共服务和公共产品的提供者,负责本地区经济社会运行目标的达成。但是由于没有一个结构完善、功能健全的制度体系,各个利益主体热衷于角逐利益的最大化,进而出现区域协同发展乏力的现象。这主要受两个方面影响:一是,区域内地方政府的管理体制不合理,其中政企关系、政社关系不分明,容易对企业进行不必要的干预,出台各种限制性的政策规章,比如各种审批手续和登记条例,政府过多地介入企业的经营活动,使市场机制难以发挥应有的作用,同时为维护各自的地方利益,不可避免地出现通过"政府职能"及其各种作用,阻碍各种要素通过市场机制在区际的自由流动与优化整合,这种随意性的方式容易在区域内形成政策之间的冲突,不能为区域共同发展创造良好的合作竞争环境。二是,缺少法律基础的支持,在区域内合作和竞争中已经存在能使区域利益最大化的行政支持和经济支持,但是还没有法律相关的支持。地方政府为了获取并保证地方利益,出台了许多不合理的地方性政策法规,如限制人才流动,阻碍了区际体育产业的联合与生产要素的自由流动,割断了区际互补商品与生产要素优化整合与获得规模效益和外部效益的实现渠道。此外,多部门的规章制度也是造成协同发展的障碍。各地体育行政部门各自制定政策,甚至相互间会有冲突,导致难以有序整合资源并协同发展。

此外,官员的晋升制度也是造成问题产生的原因。为了提高任期内的政绩,政府官员常常会只关注任期内的业绩,即使是具有发展性的方案也可能被忽视,短视地看待任期内经济发展的效果,而没有一种长期的区域发展驱动力,尤其在处理区际关系上,地方官员的利益偏好更加明显。这主要由于现行的政绩考核体系中,都以经济发展的指标(国内生产总值GDP 的增速)为主要标准,由此区域内体育行政部门的官员或是决策层为了实现自己或是集团的利益偏好,使得区域内体育行政部门的行为出现异化,产生协同发展的阻力。

6 长三角体育产业的区域协同发展路径研究

6.1 长三角体育产业区域协同发展机理分析

协同是指两个或两个以上的不同主体通过协调、合作,在共同完成某一特定目标或任务的过程中,实现各自能力的提升和总体业绩的倍增现象。[1] 简单地说,就是两个或两个以上的不同主体通过合作,产生大于每个主体单独完成任务时所能够创造业绩的总和,即出现 1+1 远远大于 2 的效应。协同发展要求系统内部各要素之间有统一的发展目标和规划,有高度的协调性和整合度,在相互平等和开放的条件下,共同对外开放,在相互协作、相互促进和功能有机整合中实现整体发展。

区域体育产业协同发展的初级协同是体育产业内各个要素协同合作。初级协同是各个要素都在各自的独立运动规律的支配下发展变化,这些单个要素的发展变化,对整个区域体育产业系统发展演化的作用往往是盲目的、无序的,对系统的发展趋向不起决定性作用。初级协同虽然对区域体育产业系统整体发展的趋向不起决定性作用,但是,在初级协同中,体育产业各要素都是各自独立运动,加速孕育并形成了各个要素之间的关联,为各个要素之间相互配合协同合作奠定了基础和准备了条件。各个要素在各自的独立运动中,通过要素之间多样性的相互竞争、相互作用,逐步建立起各个要素之间的关联,产生多种不同的协同合作形式和目标,进而为高级协同创造条件。如果用"序参量[2]"来反映系统走向协同过程中的要素之间的关系,那么,各个要素独立运动的协同合作,所形成

---

[1] 赫希曼·哈肯著.协同学——大自然构成的奥秘 [M].凌复华译.上海:上海译文出版社,2001:21-37.

[2] 序参量(order parameter)最早由物理学家朗道在研究平衡相变时提出,是临界点上具有随机性的参量,是系统有序程度的量度,序参量的大小描述系统有序程度的高低。

的每一种形式和目标都对应着一个序参量。多种多样的协同合作形式和目标便产生了多个序参量,形成了"序参量群"。也就是说,区域体育产业系统的初级协同促使序参量群的产生。序参量群的出现,是体育产业要素各自独立运动协同合作的结果,它既反映要素参与区域体育产业系统协同发展的程度,又支配着各个要素的行为,为系统由一种结构状态发展到另一种结构状态,做必要的准备。序参量群中的每一个序参量都对应着区域体育产业系统一种可能的发展趋向。序参量群中的各个序参量之间的协同合作,最终将产生区域体育产业系统的新结构状态,即要素的利益关系协同。

要素的利益关系的协同合作是系统协同发展的高级阶段。在区域体育产业系统中,在各个要素自身独立运动协同合作的同时,形成了各个要素之间的各种关联运动,各种关联运动的协同合作,是高级协同的重要内容,它将产生协同效应,使整个区域体育产业系统发生变革。如果说要素各自独立运动的协同合作,使序参量群得以产生,那么,要素之间各种关联运动的协同合作,又促成了序参量之间的协同合作。整个系统发展的模式是由各种关联运动的协同合作而形成的高级协同来决定的。系统的协同发展是一个由初级协同向高级协同转化发展的过程,也是系统通过协同运动,在更高层次上达到的最优化结构状态。系统内各要素之间各种关联运动的协同合作,主要通过产业结构的优化表现出来。在序参量竞争与合作的高级协同中,抓住主导要素之间的本质关系,促使这种本质联系所对应的潜在的发展模式显化,就能有效地推动系统发生质的飞跃。在系统协同发展的过程中,系统外部环境的影响是十分重要的。它既影响初级协同的形成,又影响高级协同的形成,同时,它还影响初级协同向高级协同转化。如果外部环境不提供促使要素之间关联的条件,系统就不可能产生自组织。如果外部环境与体育产业内部存在相互作用,即使外部环境以无规则的形式作用于区域体育产业系统,系统的组织结构也能把这些无规则形式的作用转变成为有序的形式。

协同发展强调系统内部各子系统间相互协作并有机地整合成有序演变状态,始终保持差异与协同的辩证统一关系。在各区域依托资源禀赋的区域比较优势的基础上,借助一定的各个地区的社会经济联系,使各个地区充分参与到整个区域的产业分工中来,同时参与到整体的产业分工又将反作用于各区域的比较优势,三者相互作用,使整体网络协同运转,从而产生区域体育产业发展的协同效应,以使整个系统实现初级—中级—高级的协同演变,此即区域协同发展的机理(图6-1)。

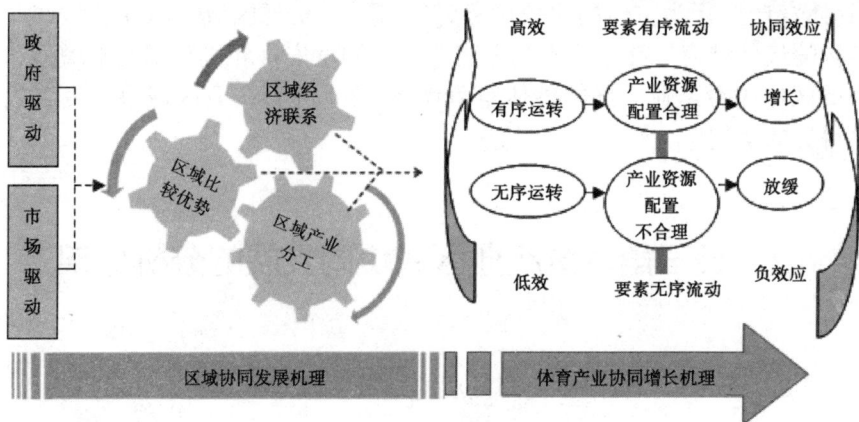

图 6-1：体育产业区域协同发展机理

　　具体来说，体育产业区域协同发展的基本原理是体育产业在结构形态、发展模式上呈现出相互影响、相互促进的自组织特征及行为机制。体育产业区域协同发展的程度不仅取决于体育产业系统的构成要素的个体特征，更取决于体育产业行为主体之间的相互关联状态与机制，也就是说体育产业区域协同发展是通过区域体育产业发展体系中众多行为主体自下而上产生的相互协调与相互作用提升复杂适应性系统整体功能的体现。体育产业区域协同发展的本质是资源、要素间的协同，通过区域的协同管理，协调各区域之间的资源配置、要素流动，发挥各区域的比较优势，使其协同运转，从而产生区域体育产业发展的协同效应。

　　体育产业区域协同发展的基本要求是将区域内所有体育产业的行为主体视为复杂系统的要素，通过区域发展系统的自组织运转或者外部调控产生的涨落机制作用，使体育产业发展中的各要素相互联系、相互渗透、相互协调，实现区域之间及区域内部资源与要素的合理分配与优化整合，其目的是有效优化区域协同发展体系的整体功能，最终实现体育产业的局部最优与整体最优的最佳结合。体育产业有效的区域协同发展既能够帮助区域各体育行政部门、产业的行为主体达成预期的发展目标、实现各自的利益诉求，也有助于增强区域体育产业的竞争优势。从区域的整体发展战略层面来看，体育产业区域协同发展需要从全局出发，通过组织和调控，把区域之间或者区域内部的相互关联而又相对分离的资源、要素及产业行为主体整合为一个系统，并对其进行战略优化布局，达到整体功能大于局部功能简单相加之和的系统优化效果。在体育产业区域协同发展的运行机制层面，根据区域体育产业发展战略及发展趋势要求推动整个区域内资源和要素进行优化配置和合理流动，发挥区域各体育行政部门、体育产业行为主体的比较优势,扬长避短,实现区域资源优势与产业结构的最佳结合。在运行机制上需要通过制度安排和机制调控来增强和协调区域体育产业发展的整体竞争优势,推动体育产业区域协同发展战略目标的实现 。

6.2 长三角体育产业区域协同发展的分析框架

6.2.1 长三角体育产业协同发展的相关主体分析

基于协同论的体育产业区域协同发展,强调的是行政区内的各利益主体以资源共享或优势互补为前提,以产业协作发展为目的,以共同参与、共享资源、共担风险为准则,为共同实现体育产业发展这一目标而达成的分工协作的契约安排,而体育产业发展的各主体的利益诉求对体育产业的区域协同发展有着重要影响,甚至会决定区域协同发展的模式与方向。政府、市场、社会、公众构成了区域体育产业协同发展利益相关者的全部。区域协同发展本身是动态、往复和不断完善的过程,是若干子系统的综合体现,其交集是体育产业如何实现区域协同发展。

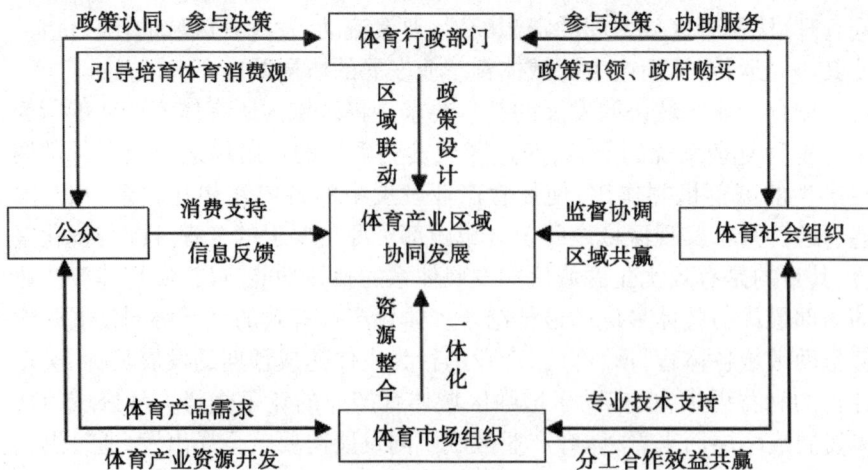

图 6-2:体育产业区域协同发展各主体间的关系

（1）区域协同发展中的体育行政部门。推动体育产业的发展是政府的职责所在。改革不断推进,政府的职能也随之发生变化,由直接生产者逐渐向宏观调控者转变,即所谓的从"划桨"到"掌舵"转变,但目前,政府仍然是体育产业发展的核心主体。政府包含了省、市、县、镇等各级政府,各级体育局及其管辖下的各项目中心,以及提供协助的教育、财政、国土资源等相关部门,各主体在体育产业发展过程中扮演相应角色。政府掌握着绝大部分的体育资源,可通过政治、经济、法律等多种手段对体育产业的规模和结构进行调控,但政府供给也存在失灵可能,政府内部的等级与科层制度易形成高成本低效率,以及多样化和差异化产品提供不足等弊端。针对公众,政府需对跨行政区体育产业资源明确本地区职责,同时引导和培育公众的健康意识及体育消费观;针对体育市场组织,制定和谋划区域协同发展的规划,鼓励和支持主导产业的发展,促使体育产业不断发展;针对体育协会等体育社会组织,政府应赋予其监督体育市场发展的相关权利,并引导社会组织参与各类体育产品尤其是公共服务的供给。进而,建立跨区域协同发展的机制,形成一体化的监管机制。

（2）区域协同发展中的体育社会组织。社会组织具有组织性、私有性、非营利性、自治性和志愿性等特征,提供体育公共服务的社会组织主要包括体育社团、体育类民办非企业单位和体育基金会等(这里包括公众)。体育社会组织分为体制内和体制外两类,体制内组织由政府领导创建,在民政部门登记注册,通常有政府部门人员兼任职务,且以政府的资助为主要的资源,是政府在体育事业上的助手,相对缺乏自主性、独立性;而体制外的组织则指自发成立的草根体育社会组织,它们的自主性更强,但大部分也存在人、财、物等方面的困境,甚至连存在的合法性都有问题。体育社会组织拥有较高的社会认同,公信力较高,凭借"接地气"、公益、组织灵活等特点,愿意进入政府、市场组织不愿提供或效率不高的服务领域,在一定程度上亦弥补了政府治理体育公共事务的不足和遗漏的"治理盲区",从而弥补政府的不足。针对体育行政部门及相关政府部门,体育社会组织需积极参与相关决策,应该充分发挥组织性、公益性特点,让群众的意见与问题集体反映到相关体育社会组织或以自身联合的方式形成组织化的群体(草根组织),继而在整理与分析相关信息的基础上以组织而非公众个体去参与相关政策的决策,这有助于弥补个人参与的理性不足、信息有限等困境,拓宽公民参与政策制定的路径,提高公民的政策认同和民主政治意识,提高政策制定的科学性、民主性;针对体育市场之间,在体育赛事产业、全民健身产业,以及体育公共服务领域,体育社会组织可以提供专业的技术支持和指导,合理分工合作以弥补市场的不足;针对区域协同发展区域间难以统一行使的基础设施建设、产业组织协调等跨界职能的问题,体育社会组织可以关注区域内体育产业发展共同关注的公共服务和共同利益,进而起到监督协调的作用。

（3）区域协同发展中的体育市场组织。市场组织指的是以盈利为目的向市场提供商品或服务的法人或其他经济组织,其中企业是最为主要的市场组织,并通过供求机制、价格机制、竞争机制和风险机制等实现资源配置,以盈利为目的向市场提供体育产品或服务。体育市场组织拥有资源、管理、产品研发等方面的优势,但一般认为市场组织有逐利性,可能会忽视公共利益,出现诸如服务质量不高、不配合监管、收费过高、泄露信息、歧视服务等情况而导致"市场失灵"。市场是企业和消费者交易的空间场所,市场风向标对两者都会产生重要影响。市场能够有效接纳消费者的多元化需求,并提供多样化的体育产品。体育市场对企业的作用是根据需求引导其产业发展方向,体育市场的要素整合能够不断推进区域一体化市场的培育与发展,为体育企业营造良好的发展环境。

(4)区域协同发展中的公众。公众是政府和市场的中间者角色,体育消费的对象是居民,都是在对各类体育产品进行筛选后逐步形成的不断变化着的多样化需求。随着体育意识的日益强烈,公众对体育产品的需求不再止于单一的产品形态和独立的市场空间,区域间各类体育活动的开展尤其是大型体育赛事的举办,也在改变着公众对体育产业的整体性认识。公众的自觉意识也在影响着政府决策,尤其是在场地设施、全民健身等方面,同时,政府通过引导和培育健康的体育消费观以适应公众的需求,两者互为作用、相辅相成。对于体育市场而言,公众体育消费认识和诉求的变化也在影响着体育市场的发展水平。

综合来看,体育产业区域协同发展应充分发挥政府及市场主体的作用,带动社会组织及公众共同参与。长三角体育产业区域协同发展初期是在政府部门主导下进行的,且区域间政府部门未形成紧密型常态化的合作,社会组织、体育企业之间的合作互动程度更是微弱,合作积极性低,政府、体育企业、体育社会组织及公众之间并未形成纵向及横向的良性互动机制。随着区域协同发展进程的加快,伴随着体育消费需求的多样化、个性化发展,体育产业规模逐步发展与扩大,加之"同城化"时代的到来,城际交往日益密切,区域体育产业获得了更广阔的发展空间。政府部门作为体育产业领域合作的主导者,应积极吸纳体育社会组织以及企业加入,逐步加强同社会组织、企业的合作力度,充分调动各参与主体的积极性,不断为区域体育产业合作注入新的活力,保障合作的持续性,逐步形成政府推动、企业主体、社会组织广泛参与的良性互动发展模式。长三角体育产业区域协同进程不断深入,政府因地方利益的诉求,在合作内容、合作领域和合作形式上不断博弈,形成动态平衡;各类体育企业间因各自的市场利益诉求,在合作内容、合作领域和合作形式上,依托资本、技术、品牌并购,由竞争趋向合作;体育社会组织及公众在市场机制的带动下,充分参与体育产业区域协同发展过程。体育产业区域协同发展的各个参与主体发挥各自的优势,使其协同运转,从而产生区域体育产业发展的协同效应。

6.2.2 长三角体育产业协同发展的分析框架

长三角体育产业区域协同发展是一个复杂的系统,从系统运行动力和机制上看,协同发展路径是基于战略协同、组织协同和产业协同三个层面的递进过程(图 6-3)。区域协同发展的核心是"战略—组织—产业"的要素协同,其中关键的支持要素是政府的政策设计、宏观规划和项目引领,辅助要素则是区域规划设计、区域体育产业发展组织、区域间协作机构以及其他组织(如体育企业、项目投资商、公众等的各利益主体的参与)。体育产业区域协同发展路径和发展模式受到各个合作地区、企业之间的区位交通、产业关联、合作历史和利益分配机制以及地区体育产业的发展理念、体育产业竞争能力、体育企业的协同能力和外部条件的影响,提高协同发展成效的重点还在于综合考虑地区间体育产业的互补性与差异性以及协同格局的局部性与整体性的动态均衡。

6.2.2.1 体育产业区域协同发展实施前提

体育产业区域协同发展的前提是体育资源开发和整合的可能性、区位和交通的便利性、体育产业的关联性、政策制度的衔接性以及体育产业发展模式的相通性。一般来说,这五个方面需要形成互补效果,能够促进区域内体育产业及各利益主体之间的协同共生。在相邻地区共生利益最大化和产业持续发展内在需求的驱动下,长三角各个地区体育产业从各自独立的系统演化为以区域协同发展为目标,以互惠双赢为动力,促进地区间各要素的相互补偿、相互促进、优化配置和高效整合。为此,各地区需明确在区域协同发展中的定位,厘清各自的基础和优势,对协同发展格局中各自的分工进行相应的战略部署,实现体育资源、体育市场的有机共享。在区域协同发展过程中保持政策对接和信息互通,增进双方对体育产业发展格局的了解和把握,同时,要建立利益互赢导向下的信任机制,通过优势互补和资源整合达成协同效应,为区域体育产业发展开辟空间。

6.2.2.2 强化战略协同意识

体育产业区域协同发展需要创新长三角区域内体育产业协同单元的

发展观念,对区域协同发展形成科学认识。区域体育产业的发展是多元化协同,主要涉及两个维度:一是,体育产业各行业的协同发展可以实现资源互补,增加竞争优势,进而促使体育产品的有效需求递增,体育健身休闲娱乐业持续扩大,体育竞赛表演业对公众的影响不断提高,体育旅游业、体育传媒业、体育广告业、体育培训业等体育相关行业的经济效益不断凸显,产业内部的协同效应往往局限在行政区的空间范围。二是,各行政区之间体育产业的全方位协同发展,这一模式显然要复杂很多,也是区域协同发展的主题,区内协同模式往往是行政区主导的发展模式,地区之间往往呈现出相同或相似的发展模式,而区际体育产业协同发展则是立足于体育资源的区域整合,需要地区之间形成高度共识。

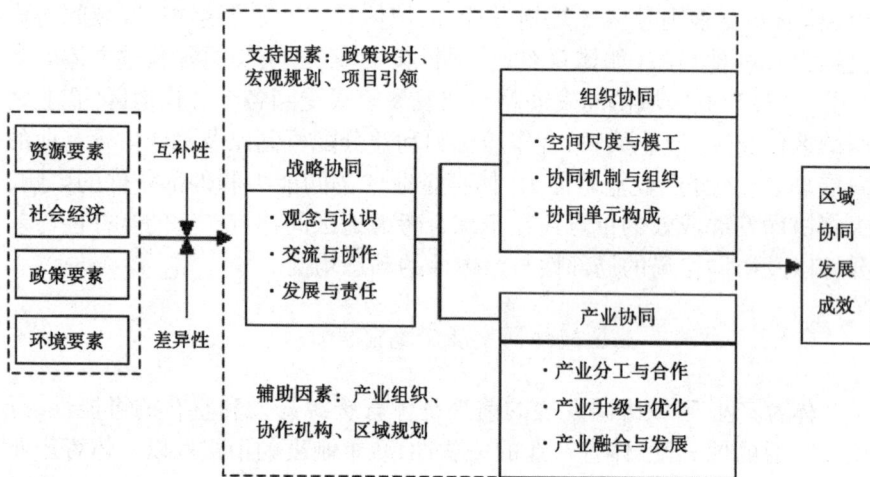

图6-3:体育产业区域协同发展分析框架

  体育产业区域协同发展可以规避"低水平重复"的发展模式,也是体育产业结构优化的有效手段之一。传统的发展思维仅仅关注本地区的实际,兼及上级行政区的总体部署与要求,这种安排体现出很强的制度刚性约束,却难以适应区域体育产业合作发展的真正要求。区域间的协同既要依托于区域间协作发展条件的成熟,更要关注长三角地域间的相通与相融的文化及社会元素,立足于地域间相近的外部环境要素来开展合作更具科学性。当然,区域协同的目标是提升长三角体育产业的发展质量,实现区域体育产业各单元的协同共生。

6.2.2.3 完善组织协同管理

  体育产业的区域协同发展涉及不同利益主体的协同,是一种混合型、跨区域的结构关系,单一主体无法取得协同合作的全部控制权,需要创新管理技能和组织设计。首先,组织协同要秉持地区间形成协同效应的出发点是区域体育产业的关联。每个地区的体育产业资源均存在一定的差异,还要受制于特定区位条件、自然资源等外部环境的约束。例如足球产业,中超和中甲联赛中上海有申花、上港,江苏有苏宁,浙江有绿城,除了在联赛、足协杯等赛事有对抗交流外,长三角区域内的职业球队间相互交流并不多,虽然显著的区域特性是职业足球俱乐部的魅力所在,但是区域球迷支持区域内的球队放之四海皆准,打造长三角职业体育的整体氛围,有利于实现跨区域的发展和交流。可见,在具体的体育行业的协同上,将表现出不同的空间尺度与协同模式,这也为区域协同发展机制的完善和组织机构的建设创设前提。在区域协同发展机制上,体育产业的各个子行业在区域协同上存在差异,长三角地区可以依据各个城市的体育资源优势构建协同开发委员会,并谋划协同发展的路径与模式。体育产业区域协同发展的组织建设,同时要兼顾地区间体育产业的发展模式,通过协作组织的建立与运行,尽可能规避地区间产业同构问题,形成区域内互补式的协同发展格局。

6.2.2.4 凸显产业协同优势

区域内不同行政区发展体育产业的利益动机存在差异,进而带来决策动机和效应的差异。这其中,既有体育资源在不同地区分布情况存在差别的原因,也受限于地方经济社会发展水平的差异,这自然形成了各区域的体育产业分工。但是由于长三角地区各地的社会、经济、文化存在同源性,各地体育产业的同构现象也较严重,为此,区域之间体育产业需要在分工基础进行合作,实现融合发展,进而促使体育产业结构升级,突显产业协同的优势。长三角区域间资源禀赋的互补与共性是进行区域体育产业合作的基础。长三角地区体育产业资源丰富,尤其是体育场馆、体育赛事、优秀运动员、教练员、职业球队和体育产业经营管理人才等核心体育资源,促使区域体育产业的协同成为可能,上海的优质的体育赛事资源、江苏国家级体育产业基地以及浙江的运动休闲资源又使区域体育产业资源形成了有效的互补,这是长三角地区体育产业合作的基础,也是体育产业区域协同发展的出发点。区域间协同主体的价值观与行事方式等方面,是在协同发展过程中自觉形成的指导主体行为的价值体系,即通过心理契约约束或激励协同主体的行为;由于区域间存在不同的利益诉求,从而意味着合作利益和合作成本的分配是不均衡的,而合作主体之间经济发展差距过大,就会出现非对称性的相互依赖,实力较弱的一方在合作过程中会付出较大成本,从而导致区域体育产业合作难度的增加,反之,区域间协同主体的价值观与行为方式的差异越小,越容易达成合作。

战略协同、组织协同、产业协同构成了区域协同发展的总体架构,三者相互促进、互为条件,形成了严格的辩证统一关系。其中,战略协同是主导,发挥引领作用。体育产业区域协同发展需要区域间具备前瞻眼光和协作发展意识,建立战略性合作关系,才能拓展和延伸区域体育产业的价值和影响;产业协同是核心,是协同发展建立和发展的基础,也是核心动力;组织协同是保证,发挥保障作用,同时发挥着区域体育资源整合和产业协同发展组织建设的双重作用。显然,还需要用动态的视角看待体育产业区域协同发展的模式,以避免地区间发展路径的趋同和协同格局的固化。

6.2.3 长三角体育产业区域协同发展模型

基于长三角地区体育产业协同发展的已有事实,要实现体育产业区际协同发展进程的持续,需要建立长三角两省一市体育行政部门间的合作机制并确保这一机制的持续有效的运转,同时需要构建良好的制度环境、合理的组织安排和完善的合作规则,其中制度环境是区域协同发展的基础,组织安排是区域协同发展的结构保障,合作规则是约束和激励,而关键是区域内各地体育行政部门及相关政府组织在各自范围内进行有效的制度创新。

长三角体育产业区域协同发展,首先需要两省一市同时形成合作意愿,只有在合作意愿的驱使下各方才有协同发展的可能,进而在相关机制的作用下实现官方的各地体育行政部门间及非官方的体育社会组织、体育企业、公众间的合作,从而达成合作意愿并实现区域协同发展。在区域协同发展过程中,主体是多元的,机制是多样的,并在协同过程中不断完善。

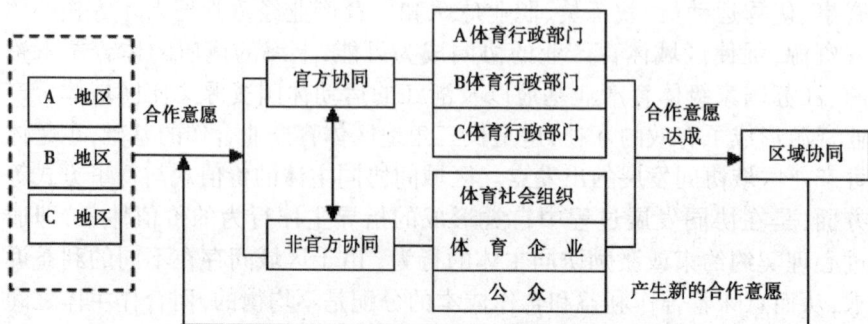

图6-4:体育产业区域协同发展模型

6.2.3.1 体育产业区域协同发展的起点：合作意愿

政府间的合作取决于是否有合作意愿，而且也取决于合作所需的成本。区域间协同发展的前提是各方均有较强的合作意愿，且相关行政部门有较强的合作意识。长三角两省一市由于区际文化相通且交通便利，体育产业发展水平相对较高，可以降低区域间合作的成本，这可以为区际合作提供良好的条件。但是，要有效推动区域协同发展，必须不断强化以共同利益为导向的合作意识，构建完善的制度和措施，通过政府行政部门间合作的外部效应推动协同发展的进程。

6.2.3.2 体育产业区域协同发展的基点：政府职能定位准确

区域间协同发展的前提是各地体育行政部门间的良好合作。长三角各地政府都按市场经济的要求发展体育产业，但就发展事实而言，各地追求的行政区内体育产业的地区生产总值的增长及体育各类竞赛活动的广泛开展，这都是体育行政部门的政绩。而体育产业区域协同发展则需要明确体育行政部门的职能定位，应强化其统筹发展、推动区域联动、政策设计方面的职能，弱化体育行政部门追求经济效益的职能；强化体育行政部门的社会服务职能，弱化体育行政部门干预市场的职能；强化体育产业协同发展的意识，从全局出发制定长远的区域体育产业的整体发展规划。

6.2.3.3 体育产业区域协同发展的重点：协调机构构架合理

长三角体育产业区域协同发展是建立在跨行政区基础上的政府间合作，为了消除地方局部利益对整体区域共同利益的侵蚀，必须在分立的行政区基础上形成共同的内在机制，并在保证区域共同利益的基础上制定具有约束力的共同政策和制度规范，以实现跨行政区的协调与管理。为此，要促使长三角体育产业区域间协调有效地运作，体育行政部门合作需向纵深发展，必须建立官方级别的协调领导小组及非官方级别的商会、论坛等多层次的协调机构作为区域协同发展的组织保障，提供良好的协同发展平台。

6.2.3.4 体育产业区域协同发展的难点：完善制度环境

制度环境是区域间体育产业协同发展的难点，必须不断地完善体育产业的制度环境，为区域协同发展提供有效的制度保障。制度环境包含体育产业发展的相关法律及具有约束力的行政措施，尤其是具有约束力的行政措施。通过政府间合作的不断推进、各项相关机制及规则的不断规范，推动区域体育产业有序发展。

6.2.3.5 体育产业区域协同发展的方式：官方及非官方

区域间体育产业协同发展的协调主体是政府，政府的协同方式是建立多层次的协调机构，以加强政府间的联系，提高协同水平。一是，构建跨区域的协调机构以提升调控能力。由于行政区划的差异，各地的体育行政部门具有或多或少的地方自利性，而区域整体利益的提升才是区域协同发展的目标，为此需要对各地体育行政部门进行有效协调，这个职能不是两省一市其中任何一个省市的体育行政部门能实现或胜任的，因而组建一个跨区域级别的体育产业管理部门，形成完善的组织章程并设置相应的组织机构，由组织机构统筹谋划整个区域体育产业发展规划，并有效监督各地体育行政部门各项决议的实施情况，并赋予该组织相应的财政权和处罚权，形成合作的长效机制。此外，地方政府间的合作具有一定的自愿性，合作过程中出现的各类问题非外力可以全部解决，有时需要内部的协商和协调才能处理。二是，构建体育行政部门官员间的互访制度。各地体育产业主管人员间定期或不定期的互访制度，有利于地区间的深度交流和沟通协调，成立相应的办事机构，负责统筹安排区际的互访活动，以提高互访频率和沟通水平，进而提升区域协同水平。

非官方的协作则取决于体育社会组织、体育企业及公众的合作。体育社会组织及公众参与区域体育产业协同发展，可以在政府的引导下建立各类行业协会、项目协会，通过行业协会或项目协会推进体育产业发展，尤其体现在区域体育产业发展规划的制定、各类政府协调中无法解决的问题的处理上。此外，可以根据长三角已有的科教资源，组建专家组，组织各类专项的研讨会、论坛等学术活动，为长三角区域体育产业的发展提供决策建议。体育企业尤其是大型的体育俱乐部、健身俱乐部等市场组织是体育产业发展的重要主体。企业虽然享有高度的自主经营权，但是能否获得良好的发展则取决外部环境的优劣，区域协同发展可以为各类市场组织提供良好的发展机会，而跨区域体育企业间的合作中产生的各类问题则可以通过体育行政部门间的协调沟通来解决，政府部门间的合作也可以进一步深入。体育企业间可以成立相应的联盟或组织，使之更有利于促进整个长三角区域体育产业的合作。

6.3 长三角体育产业区域协同发展路径选择

6.3.1 体育产业区域协同发展路径之一：飞地合作路径

飞地合作路径是指行政区划隶属不同,且经济水平存在一定梯级差异的两个独立行政区域打破原有行政区划限制,通过跨空间的行政管理和市场开发共建园区、共享成果的方式,实现跨行政区划产业合作,促进资源互补、互利共赢的发展方式。"飞地合作路径"是在招商引资过程中,通过打破行政管辖关系,把甲地招入的资金和项目放到行政上隶属乙地的体育产业园区,利用税收分配、政绩考核等一系列科学的利益机制,扩大两地合作广度,加深两地合作深度,从而实现互利共赢。通常情况下,飞地合作路径中的"飞出地"为发达地区,在资金实力、技术研发等方面优势较为凸显,但受到用地供给紧缺、劳动力成本高等因素的制约;"飞入地"在产业规模、技术水平等方面优势较为欠缺,但相对拥有劳动力、土地等资源优势。双方打破行政区划限制,以合作发展园区为载体,实现"互惠合作、协作共赢"的目的。飞地合作路径的核心在于打破原有体制和行政边界限制,通过在行政上不存在隶属关系的另一地共建体育产业园区,进行跨区域的开发,实现产业(链)和相关要素的整体性转移,进而推动资源在更大范围内的优化配置。

6.3.1.1 实现"飞地合作路径"的基本条件

选择"飞地合作路径"的基本条件之一：空间分离。地理位置的分割在很大程度上保障了不同地区间资源禀赋的差异。"飞出地"由于自身发展速度较快,本地区内的土地、劳动力等生产要素供给不足,凭借较发达的技术水平能大量吸纳外区的生产要素流入,从而弥补自身要素供给不足的短板,通过更广泛的空间拓展促进自身发展;而"飞入地"的土地、劳动力等基本要素的供给充足,但由于相关资源、技术的原因使得既有生产要素难以实现资源利用最大化。彼此均需拓展空间,寻求与区外的合作来实现资源互补与互利共赢。只有打破了地域限制,通过两地的合作实现共赢,才能实现协同发展。

选择"飞地合作路径"的基本条件之二：优势互补。"飞出地"与"飞入地"具有相对互补的资源禀赋,才能真正实现合作共赢。区域竞争日趋激烈,各地区间会主动寻求有利于自身产业发展的区域合作机会,而资源分布不均匀使得各区域的资源禀赋具有一定差异。若某区域拥有另一区域经济发展紧缺的资源或生产要素,而另一区域恰巧拥有自身发展所需的资源或生产要素,双方对互补性要素的需求即成为双方合作的重要交易动机。体育运动装备制造业显然符合此协同发展路径,上海的优势主要表现为研发实力强、资金储备量大、高端人才供给充足、管理建设经验丰富,体育运动装备制造业整体实力较强,但是建设用地供给瓶颈制约突出、初级劳动力供给短缺且价格相对较高,是制约该产业发展的短板所在。而浙江、江苏两地的部分地区土地、劳动力等生产要素的供给量比较充足且价格也相对要低,但是研发技术水平滞后、产品附加值不高,整体实力还有待加强。

选择"飞地合作路径"的基本条件之三:产业关联。"飞出地"与"飞入地"的产业结构具有一定的关联性,可表现为同一条产业链的上下游环节,亦可表现为主导产业与配套产业,围绕此展开飞地合作。"飞出地"的技术水平较高、管理经验丰富、客户资源突出,围绕自身具有的特定产业优势选择"飞入地"。通常情况下,在与"飞入地"的合作中,不会偏离其原有的产业优势,多是利用既有优势产业的客户资源、项目储备、建设经验等与"飞入地"合作,培育能在一定程度上促进自身产业发展的配套产业,或是整体产业链。"飞出地"着重从事研发、设计等附加值较大、辐射力较强的产业分工环节,"飞入地"则致力于制造环节,从而在区域之间形成完整的产业链。

6.3.1.2 "飞地合作路径"的实现机制

飞地合作路径通过整合机制实现跨区域要素共享,通过组织协调机制实现跨区域合作管理,通过利益共享机制构建跨区域合作纽带,通过动力机制提高区域体育产业的整体收益,四种机制相互融合,实现互惠、合作、共赢。

(1)"飞地合作路径"的实现机制之一:整合机制

拥有较好的产业基础、技术水平、管理经验等的地区通常更容易受到土地供给短缺、原材料成本上升、劳动力供给不足等要素的制约,而产业基础、技术水平和管理经验上均不具备优势的地区却拥有相对较好的土地资源、较低的原材料成本、较充足的劳动力供给,彼此间资源要素的互补性较好。整合机制也可以称为资源要素优化配置机制,指的是"飞出地"和"飞入地"通过合作共建飞地园区的方式发展飞地产业经济,"飞出地"转出部分产业,置换出空间和资源进行产业升级,以技术、管理等本地优势要素置换本地稀缺要素,"飞入地"则通过土地、原材料、劳动力等本地优势要素置换产业、技术、管理等本地稀缺要素,推动跨区域互补性要素的双向流动,实现整体要素的优化配置。依托整合机制能实现体育产业区域协同发展,"飞入地"可以完善本地产业链,并促使体育产业链式发展,而"飞出地"实现体育产业结构升级,从而实现长三角区域体育产业分工的优化和整体效应的提升。

（2）"飞地合作路径"的实现机制之二:协调机制

长三角体育产业协同发展涉及三个行政区划上互不隶属的区域,三方共同参与区域合作的各个环节,渗透性较强,但同时也极易出现意见冲突、项目职能模糊、事权不一、出现矛盾冲突等问题,需要通过构建共建共管的协调机制,明晰合作各方的职能定位并实现问题协商,以期解决区域协同发展中产生的各种问题。协调机制是指在体育产业园区的建设、运营和管理过程中,各方采取以"飞出地"为主导、双方共同参与、差异化分工的方式进行体育产业园区的共建共管,"飞出地"负责飞地园区的总体规划、投资开发、招商引资等工作,"飞入地"负责拆迁安置、基础设施配套、管理等工作,而园区的管理运营则采取以"飞出地"为主导的双方共管方式,既借鉴了"飞出地"先进的管理模式,也在一定程度上缓解了体育产业园区管理中产生的问题。协调机制是体育产业区域协同发展的制度保障。

（3）"飞地合作路径"的实现机制之三:利益共享机制

合适的利益共享机制可强化"飞出地"的经济收益,提升"飞出地"的参与积极性,实现"飞出地"和"飞入地"双方的互惠、合作、共赢。利益共享机制指的是依据"飞出地"和"飞入地"共同建设体育产业园区的投资比例,在一定期限内,各方可分享体育产业园区的生产总值、税收、经营收益等利益,"飞出地"不仅能在本地置换出空间和资源进行产业结构升级,还能在"飞入地"收取一定的经济收益,而"飞入地"则通过承接产业转移培育产业新的动力源,使得各方的合作积极性得以同步提升。合适的利益共享机制能增强区域间协同发展的合作积极性,通过合理的利益分配明确各方通过飞地产业经济推进协同发展的实际收益,提升各区域的能动性,由被动参与转为主动寻求区域合作,从根本上增强区域协同发展的内生动力。

（4）"飞地合作路径"的实现机制之四:动力机制

区域间的协同发展更多的是由政府主导,而飞地合作路径则主要是由政府引导、企业主导的运作方式,政府主要负责体育产业园区的前期洽谈和园区建设工作,"飞出地"和"飞入地"政府均对体育产业园区建设进行一次投资,而体育产业园区的管理运营则由市场来运作,政府不再追加后续投资。飞地合作路径的动力机制源于体育产业园区的市场化运作,即"飞出地"和"飞入地"共同出资成立体育产业园区,之后政府不再干预体育产业园区的管理运营,仅充当配套协助的角色。

动力机制与协调机制间是互为补充的关系,动力机制进一步明确了运作的主体是企业而非政府。政府部门作为体育产业领域合作的主导者,积极吸纳社会组织以及企业加入,逐步加强同社会组织、企业的合作力度,充分协调调动三方力量,不断为区域体育产业合作注入新的活力,保障合作的持续性,逐步形成政府推动、企业主体、社会组织广泛参与的良性互动发展模式。市场化运作是增添市场活力的重要机制,通过明确政府配套协助的角色定位,赋予市场充分的自主权,从政府主导转变为市场主导,充分减少行政阻碍,从而激发协同发展的市场活力。

6.3.1.3 "飞地合作路径"的实现途径

实现飞地合作路径,首先要确立利益共享基本框架。通过利益共享基本框架的构建,"飞出方"和"飞入方"按照股份制合作方式控股体育产业园区,并按比例享受利益,行使人事任免权,按照体育产业园区的投资比例分成园区的生产总值、税收、经营收益等利益。"飞出地"则优先享有项目入园权和园区开发权,优先获得商贸、研发、金融、财会、法律、信息等生产服务业的经营权,可以通过招商代理等方式引进项目到体育产业园区,并按协议比例获得奖励。体育产业园区经营达商定期限后,全权放开园区建设运营,全面进行市场化运作,园区收益不再分成。

实现飞地合作路径,还需制定经营管理人才跨区域共享的办法。"飞入地"与"飞出地"共同协商制定跨区域体育产业园区的管理人才共享办法,加强经营管理人才的交流互动。确立"飞出地"管理的主导地位,由"飞出地"针对"飞入地"的产业基础、引进项目、园区管理等方面选派合适的管理人才,提供先进的管理经验、社会关系资源等。飞地管理人才异地任职期间的绩效和年限纳入政绩考评范围,在商定期限或取得商定成效后返回"飞出地"可获得相应的晋升,并给予额外的资金奖励,提升高级管理人才参与体育产业园区建设的积极性。

此外,实现飞地合作路径应明晰体育产业园区主体职能的发展定位。体育产业园区建设涉及诸多的主体合作,应从区域层面明晰政府、体育产业园区开发主体、入园企业的发展定位。政府部门主要负责体育产业园区前期规划的审定和监督实施、确立体育产业园区开发主体及其考核办法、保障体育产业园区重大基础设施建设、履行社会管理职能等事项,待体育产业园区管委会和开发公司到位,政府全面放开园区经济事务,交由管委会统筹管理。体育产业园区管委会主要负责提供服务配套和规划体育产业园区内道路、供水、供电、通讯等基础设施建设等事务,体育产业园区的市场化运作交由开发公司具体实施。当然,实现飞地合作路径还得确定市场化的运营管理制度。遵循"政府引导、企业为主、市场运作"的原则,"飞出地"和"飞入地"按商定比例共同投资成立体育产业园区开发公司,与管委会分开运作,体育产业园区开发公司主要负责规划、开发、运营、管理等工作,实行自主决策、独立运行的市场化运作模式,而体育产业园区管委会为其提供服务配套,保障市场化运营的顺利实施。

6.3.2 体育产业区域协同发展路径之二:腹地协同路径

"腹地协同路径"中的"腹地"是一个与"经济中心"或"中心城市"相对应的概念,是经济中心的吸收和辐射能力能够达到并能促进其产业发展的地域范围,与中心城市之间通过交通和信息网络等保持密切联系。"腹地"是"中心"赖以存在的基础,狭域来看上海市就是"腹地",广域而言长三角地区就是"腹地","腹地"是产业链赖以形成的基础,如体育竞赛表演业的发展是由城市发展水平、经济基础、交通条件等多因素综合决定的。通常情况下,当城市的规模较小,体育产业竞争力有待增强时,对腹地体育产业的影响主要表现为极化效应,以吸收腹地体育及相关资源为主;当城市逐渐发展壮大,体育产业竞争力显著增强时,辐射半径和带动效应得以提升,将依托强大的竞争力对腹地产业形成辐射,对腹地产业的影响以扩散效应为主,进而产生协同效应。

6.3.2.1 实现"腹地协同路径"的基本条件

选择"腹地协同路径"的基本条件之一:具备中心地和腹地两个组成部分。中心地是经济发达地区,一般由中心城市或城市群组成;周围腹地是环绕中心地区的区域。通常情况下,中心城市具备了体育产业发展的外部势能,其中包括大规模的城市人口、雄厚的经济发展基础、完善的基础设施、快捷的商品流通渠道、较高的文明程度等各种因素,腹地是环绕中心城市的大、中、小型城市,中心城市的体育产业发展对腹地城市有较强的辐射和引领作用。中心城市体育产业势能的形成,将带动周边大中型城市体育产业的发展,再扩散辐射促进周边小城市、小城镇体育产业的兴起。

选择"腹地协同路径"的基本条件之二：区域优势互补。中心城市体育产业的优势主要表现为，拥有许多著名的体育生产企业、体育职业俱乐部和高等体育类院校，以此吸引大量的资本、汇集大量的体育专业人才，同时整体的城市化水平较高、制度演化速度和创新程度均较高，体育产业发展的外部系统较完善。整体而言，中心城市具备先进的技术、充足的资本、雄厚的人力资本，以及公众良好的健康理念、生活方式和运动习惯。相对而言，周边腹地的资本、技术相对较弱，运动休闲的自然资源和运动装备制造业的劳动力资源比较充裕，以此来弥补中心城市部分体育资源匮乏、劳动力不足的劣势，腹地也可以承接中心城市体育产业发展所带来的扩散效应，带动当地体育产业的发展，通过优势互补实现区域协同发展。

选择"腹地协同路径"的基本条件之三：交通空间可达性高。以中心地城市为中心建立四通八达的道路交通网络，和周边城市的交通网络连为一体，提高中心城市和周边腹地的辐射效率。中心城市的体育产业势能，尤其是体育竞赛表演业、运动休闲产业的吸引力和辐射力的空间范围，与距离远近有直接的关系。按照空间扩散规律，中心城市体育产业势能作用力与距离的延长呈反向的关系，即距离越长，则作用力越小。反之，距离越短，则体育产业势能作用力越大。发达的交通运输使得周边区域的资金、技术、人才集中到中心城市，使得中心城市成为技术创新的源泉、现代经济增长的驱动中心和区域体育产业的增长极。便捷、高效的现代交通运输体系是支撑经济运行、提高发展质量、促进社会进步的基础，长三角地区交通一体化为"腹地协同路径"提供了条件，便捷交通催生的同城效应，将使区域内体育产业在更大规模和基础上得到进一步整合优化，带动产业结构的转型升级协同发展。

6.3.2.2 "腹地协同路径"的实现机制

"腹地协同路径"的实现机制之一：联动机制。"腹地协同路径"最明显的特征是中心城市体育产业的发展规模和发展速度较腹地城市相对较快，存在发展差异或梯度是该路径实现协同发展的突破口，因而需要构建中心城市与腹地城市间体育产业协同发展的联动机制，促进同步发展。中心城市体育产业的发展水平和其作为增长极的带动作用直接决定了联动机制的实施效果，联动机制的重点在于中心城市的体育产业规模、技术创新能力、产业核心竞争力，应充分强化中心城市的"领头羊"的作用，增强其在整个区域体育产业发展中的引领和带动能力。此外，在积极推进中心城市体育产业发展的过程中要防范回流效应导致的腹地体育产业发展受困。如,由于中心城市体育健身服务业中的体育健身教练的待遇薪酬乃至进修和培训的机会均高于腹地城市,尤其是高端的体育健身经营管理人才,从而导致腹地城市的体育健身教练不断地回流到中心城市,致使腹地城市的体育健身服务业发展受阻。为此,联动机制的构建,应统筹城乡发展,围绕中心城市同步建设中小城镇带,形成以中心城市为核心,以中小城镇带为支撑的协同发展格局。积极构建中心城市对腹地城市体育产业发展的带动机制,鼓励中心城市将主导行业的配套产业及部分产业链延伸至邻近腹地,支持中心城市的高级体育经营管理人才调往腹地城市进行任职,推进体育行政部门的领导定期互动交流,多措并举协同发展中心城市与腹地城市的体育产业。

"腹地协同路径"的实现机制之二:协调机制。"腹地协同路径"的实现涉及跨行政区,构建利益协调机制的重要性毋庸置疑,是均衡各方利益,缓解矛盾争端,促进体育产业区域协同发展的重要机制,对缓解同一行政级别间的地方利益冲突尤为重要。协调机制在充分运用市场机制的基础上,发挥不同区域的比较优势,促进区域之间的协同合作,最重要的是利益共享。协调机制包括制度化的协调机制和非制度化的协调机制,这两种协调机制的运作方式及内容是不相同的,成效也有所差异。通常情况下,制度化的协调机制是指协调主体已组建严密的组织体系,通过集体谈判共同制定具有法律强制性的相关条约或协议,有利于推进区域间的紧密型合作与发展,但这需要具备相应的条件,如行政体制框架、外部竞争环境、内部产业关联等。非制度化的协调机制是通过"倡导式"机制不断扩大地区合作的范围,采取"自主参与,集体协商,共同承诺"的方式,由领导人作出承诺,缺乏法律效应,其行事方式应是以相互尊重、平等协商、自愿和渐进的方式来处理各种事务,采取协商一致和非约束性的运作方式。

"腹地协同路径"的实现机制之三:整合机制。当中心城市规模较小时,腹地的体育资源尤其是人才资源(如高水平的教练员、运动员以及经营管理人才)由于利益驱使会大量流向中心城市,导致原本就相对落后的腹地地区的体育产业发展条件更加恶劣,这时应当采取相应政策措施,留住相关资源,鼓励本地特色产业发展,或者直接扶持特色产业发展。而随着中心城市体育产业发展规模的提升,则可以借助产业的转移或产业链条的延伸来为腹地的体育产业拓展空间,相应的腹地地区可以接受产业的转移或完善产业链条来扩充或升级产业结构,推动产业间的互补,形成区域间体育产业的整体发展。

6.3.2.3 "腹地协同路径"的实现途径

实现"腹地协同路径"首先要从区域发展的全局进行统一谋划,共同制定体育产业发展的相应策略,创造多种灵活的合作方式,形成区域一体化发展的格局。中心城市应着力于体育产业结构的升级,大力发展体育竞赛表演业、体育健身服务业、高精尖运动装备生产制造业,将一般的、低层次的加工制造业,向周边区域转移。腹地大型城市则可以利用区域内体育资源的优势互补在产业分工、市场对接、资源共享上与中心城市加强合作,以便实现区域城市产业边界的最大化。

实现"腹地协同路径"需要建立以双层管理为原则的统一协调机构。区域内存在行政壁垒、地方保护主义、政策协调管理较难等问题,应建立以双层管理为原则的统一协调机构,负责区域内体育公共事务的治理,并具有对区域内体育公共事务治理的资金分配权、区域性空间协调发展的审批权或监督实施权等责权。构建统一的区域性体育产业发展政策,比如财政、金融、人才流动、信息共享等方面的框架和实施细则,以解决体育产业发展中产生的问题,促进区域内体育产业的互动发展。

错位发展也是"腹地协同路径"的实现途径之一。不同城市有其相应的区位优势和市场定位,如国际赛事之都、运动休闲之城等。区域体育产业协同发展的实现有赖于产业结构整体结合与分工,应在明确定位各类城市具体功能的基础上,以产品、资产联系为纽带,把组建超大型企业集团作为重要手段,整合各城市产业资源,实现大区域体育产业资源的优化配置,从而带动体育产业区域协同发展。中心城市与腹地错位发展,促进产业链延伸。地区间体育产业结构存在较严重的同构现象,将会导致产业分工不明确,为了实现体育产业区域协同发展,中心城市与腹地差异化发展已是必然。体育产业链是在产业内部分工和供需关系基础上发展起来的,产业链是带动体育产业整体发展的重要链条,且可以联动区域内的各个环节形成链式发展。

6.3.3 体育产业区域协同发展路径之三:毗邻地共生路径

"毗邻地共生路径"主要针对区际毗邻边缘区,由于体育产业的特性、行政区划的刚性约束以及地方利益本位主义思想的影响,毗邻区域通常存在诸多的矛盾和难题,使得这些地区的体育产业协作难以深层次展开,从而制约了这些地区体育产业生产要素的优化组合和区域整体效益的充分发挥,甚至阻碍体育产业的发展。区际毗邻的边缘区的地理位置决定了整体行政区划差异较大,致使区际利益分割严重,且远离中心城市,体育产业发展相对滞后。

6.3.3.1 实现"毗邻地共生路径"的基本条件

选择"毗邻地共生路径"的基本条件之一：自然区划归属相同。区际毗邻的边缘区通常地理相近，甚至同属一个自然区，一般是不同行政区的交界地带，山水相连，地域接壤，交通近便，距省会和中心城市较远。由于同属一个自然区划，自然条件具有共性或同质性。因而，区际毗邻边缘区通常拥有相同或相近的资源，如水热条件、土壤植被、自然资源禀赋等，地理区位条件、历史文化背景、产业结构等方面也具有较强的相似性。

选择"毗邻地共生路径"的基本条件之二：地缘关系深厚。由于同属一个自然区划，地理位置相邻近，区际毗邻边缘区历史上通常具有较强的区域关联和发展相似度、同步性。通常情形下，区际毗邻边缘区在历史上已形成密不可分的地缘关系，拥有共同的习俗、相近的文化、语言、价值取向及社会心理，均形成了区际毗邻边缘区的独有特征，也是选择毗邻地协同发展路径的基本条件。

6.3.3.2 "毗邻地共生路径"的实现机制

"毗邻地共生路径"的实现机制之一：动力机制。动力机制是指驱动相关主体参与区际毗邻的边缘区体育产业合作与协同发展的动力源。一般可分为内生动力和外生动力，内生动力是指相关主体出于对自身利益的追逐而表现出的合作意愿和对合作收益的预期，能自主地通过协作互动，增强彼此间的信任，进而降低合作过程中的交易成本和磨合成本，在获取自身利益的同时，达到共同开发边缘区优势资源提高整体效益的目的；外生动力指政府通过相关政策和相关制度的出台，激发相关主体的合作发展能动性。对于各行政区的边缘区而言，政府的外生激励机制对内生动力机制的形成显得尤为重要。政府应采取有效措施，创造公平的竞争环境，强化契约制度、信用制度和监督制度等市场交易规则，激发市场主体在公平有序的竞争与合作中获取利益，推进区际毗邻边缘区体育产业的协同发展。

"毗邻地共生路径"的实现机制之二：组织机制。区际毗邻的边缘区由于行政区划不同，跨区域协调合作面临较大制约，其协同发展有赖于组织机制的构建。区际毗邻边缘区体育产业协同发展的组织机制可从政府层面和社会层面进行分层构建，分别对应宏观的政府决策与微观的企业运作。政府层面，区际毗邻边缘区的各地体育行政部门共同协商成立相应的领导小组,对区际毗邻边缘区体育产业发展过程中区域关联较大的经济活动进行统一商讨,如环太湖体育圈的构建,主要以环太湖区域为重点,通过引进大型户外体育比赛、组织群体活动、设置体育健身器材等手段,实现在旅游、文化、休闲、体育资源上的互动互通,解决环太湖体育圈的相关设施建设和运行问题,共同制定体育产业区域协同发展规划。社会层面,依托良好的历史文化背景和地缘关系,鼓励企业开展跨区的合作,支持区际毗邻边缘区的企业通过项目合作、联合攻关、共同开发市场等方式展开合作,实现资源整合与优化配置。

"毗邻地共生路径"的实现机制之三:整合机制。区际毗邻边缘区往往拥有相似的资源储备和产业结构,且整体发展水平相近,如何整合区域内要素资源,提升资源利用率,挖掘比较优势,推动体育产业发展,是区际毗邻边缘区协同发展需面对的挑战。区际毗邻边缘区的整合机制主要以整体区域资源,促进资源优化配置为目的。在上述政府层面和社会层面的双层组织机制框架下,进一步推进区际毗邻边缘区项目联合申报、区域体育资源共同开发、基础设施统筹建设、体育市场统一建设等。毗邻地区协同发展,应打破行政界限的限制,培育区域市场和逐步建立,完善体育商品及要素,降低区域开发的交易成本。同时,统一布局区域内的体育市场,逐步完善服务体系,积极发展跨地区的商会、行业协会等非政府组织,为跨地区经济活动的开展提供支持和服务,促进省际毗邻地区整体合力的形成。

"毗邻地共生路径"的实现机制之四:共赢机制。区际毗邻边缘区域体育产业协同发展过程中,各区域可依据各自比较优势参与整体产业分工,既获得对方拥有的利于自身发展的资源优势,又能通过自身资源优势为对方的体育产业发展提供互补支撑,双方相互融合成为整体产业链的前向或后向环节,从而达到资源互补、产业互联、市场互通、经济互惠的目的。区际毗邻边缘区的相关企业作为体育产业的行动主体,秉承"自主经营、互补互利、共担风险、共谋发展"的原则展开区域合作,在追求自身经济利益最大化的同时不以损坏大区域的整体利益为代价。各地方政府应鼓励支持有实力的大中型企业进行跨区域、跨部门、跨所有制的兼并、收购和重组,不仅能为当地带来项目、资金、技术和人才,还能实现生产要素及资源的整合与再分配,促进跨地区长期稳定的合作关系,有利于加速区际毗邻边缘区体育产业的区域协同发展。

6.3.3.3 "毗邻地共生路径"的实现途径

实现"毗邻地共生路径"要协调推进毗邻地区域内体育资源的统筹

规划。首先,行政壁垒是阻碍区际毗邻边缘区域体育产业协同发展的重要因素,使得区域内较发达地区对于处在其辐射范围之内的欠发达地区的带动作用不能充分发挥,弱化了辐射效应,因而需要破除行政壁垒,推动资本要素流动;区域内各级体育行政部门应秉承互惠互利的原则,同步制定能切实推进整个毗邻区域协同发展的政策措施,废除体育市场分割的各种不合理的政策和规定,从整体效益出发,同时兼顾各区域的同步发展,构建合理的利益共享机制和问题磋商机制;鼓励支持本地企业和外地企业组建联盟,从企业层面推动资本要素的跨区域流动。其次,整体布局基础设施建设尤其是公共体育设施的建设,破除阻碍区际毗邻边缘区域商品流、人才流、资金流、技术流、信息流、能源流等进行区域内和跨区域流动的硬件制约要素;再次,打造区域性招商引资共同体,区际毗邻边缘区域通常存在资源相近、产业相似等问题,区际毗邻地区各级体育行政部门应联合构建区域性招商引资平台,整合区域内的体育资源共同进行招商引资,统筹建设体育市场并进行整体打包宣传与推广,提升知名度招商引资。

实现"毗邻地共生路径"要共享协同发展成果。相对滞后的区域共享协同发展的成果,有赖于区位比较优势的充分发挥,各区域依托自身比较优势参与产业分工将有助于整合区域优势,完善产业链,实现资源互补、产业互联、市场互通、经济互惠。而协同发展的现实过程中,亦受到低水平重复建设与同质竞争的威胁,甚至会造成恶性竞争与产业升级停滞或倒退。为此,区际毗邻边缘区域体育产业协同发展成果共享应首先着重加强优势互补,克服产业同构和重复建设问题,需要相关利益主体消除市场无理性的诱致性因素,减少产业成长的高额试错成本,给出产业发展方向,理顺区际毗邻边缘区域内部的体育产业关联维度,鼓励以分工协作来获得互利性的最大收益。此外,提升经济正外部性,完全依靠市场机制无法发挥正外部性并弱化负外部性,单纯地依靠政府通过征税来消除负外部性同样存在交易成本过高的问题,而通过相关的政府部门以共同加强管制来解决负外部性的消极作用,包括健全法制、明确监管职责、强化统一管理,为边缘区体育产业发展提供良好的环境。区际毗邻边缘区域体育产业协同发展的重点应在于发展成果的共享,通过加强资源空间分布的整体规划,提升区域管理机构体制的统一性和开发管理的协同性,成立跨行政区联合管理机构等措施,对区际毗邻边缘区域进行资源共享、开发共管、社会共识,从而降低边缘区经济联系与合作的交易费用,保证区际毗邻边缘区经济行为的有序性。

7 长三角体育产业区域协同发展的策略分析

体育产业发展趋势表明,政府间公共体育产品和公共体育服务的供给合作将会越来越多,体育企业间的合作将更加密切,依据长三角体育产业区域合作取得的已有经验,制定长三角体育产业区域协同发展策略还需要遵循相应的原则,建立和完善相关保障机制,采取有力的措施为区域间体育产业协同发展提供支持。

7.1 长三角体育产业区域协同发展策略制定的思路及原则

7.1.1 长三角体育产业区域协同发展策略制定的思路

(1)长三角体育产业区域协同发展策略的制定依托"互利共赢"的发展思路。长三角体育产业区域协同发展面临的首要障碍就是行政区划的壁垒,而"区域间互利共赢"可以化解条块分割、无序竞争等行政区刚性约束所导致的问题。区域之间基于自身的比较优势,相互合作、相互包容,共同参与产业分工,获取最大化的分工合作收益。推进长三角体育产业区域协同发展需要确立"区域间互利共赢"的发展思路,建立起长三角两省一市间"互利共赢"的良好关系,有利于避免资源的浪费,提升资源的有效利用,降低体育产品与劳务的生产成本,提高区域体育产业的综合竞争实力,以实现整个区域的利益最大化。区域间应破除行政壁垒,提高区域体育产业的合作程度,充分发挥各自的资源优势,促进生产要素在区际合理流动。上海作为我国开展国际文化交流的重要窗口,具有较高的国际化程度,以及良好的开放性和包容性,其体育产业的发展战略目标是"建设全球著名体育城市,打造世界一流的国际体育赛事之都、国内外重要的体育资源配置中心、充满活力的体育科技创新平台",上海已然成为长三角乃至全国体育产业尤其是高端体育赛事产业的龙头城市,汇聚了丰富的资本、人力、技术等资源要素,同周边地区相比处于绝对的优势地位,应最大程度地发挥辐射效应,主动地与江苏、浙江地区形成战略性合作伙伴关系,树立"区域间互利共赢"的发展理念,推动长三角体育产业协同发展,实现长三角地区体育产业发展共赢局面,共享协同发展红利。

（2）长三角体育产业区域协同发展策略的制定还应依托"协同创新"的发展思路。创新是促进体育产业协同发展的动力,协同创新也是实现区域创新发展的重要途径,有利于形成整体创新能力提升的倍增效应。长三角地区具有较强的区域创新的驱动力,区域体育产业协同发展策略的制定应树立"协同创新"理念,加快推动区际体育产业的协同创新,努力实现区域体育产业协同发展。协同创新是提高体育产业整体竞争力的有效途径。协同创新是指在创新过程中涉及的企业、政府、科研院所等核心要素间的深入合作、协同互动以及资源有效整合。协同创新系统里的各种构成要素间的集合不是简单的相加、聚集,而是表现出目标、功能统一的良性创新互动的动态过程。要充分调动研究机构、企业、政府等创新主体的积极性和创造性,发挥各自的比较优势,开展跨学科、跨部门、跨行业的资源整合,加快体育产业技术和制度的创新,提升整体的创新实力。

7.1.2 长三角体育产业区域协同发展策略制定的原则

（1）理论指导原则。应遵循社会主义市场经济理论、协同学基本原理、区域分工理论、系统理论、区域经济一体化发展理论等理论,应用相关理论指导体育产业区域协同发展的实践。此外,在我国社会主义市场经济体制条件下,市场在资源和各类要素的配置中起基础性作用,价格是市场机制的核心,企业是市场的主体,政府的宏观调控是市场经济中的重要组成部分,市场竞争和宏观调控将成为市场经济运行中的两条主线。体育产业区域协同发展应在政府宏观调控的引导下遵循市场经济的运行规律,并辅以理论指导得以形成。

（2）优势互补原则。不同地区间在自然条件、区位、经济结构与产业结构、科学技术水平、劳动力素质、思想观念等不同的方面都存在着各自不同的优势,对于相同的投资者来说,他们更愿意选择具有优势的地区作为投资区域而赚取更多的利润。区域协同发展需要发挥各个地区的不同优势,达到优势的互补与合理利用。产业协同发展要以区际比较优势(包括相对比较优势和绝对比较优势)为整合的基础,没有显著的区际比较优势,就没有互补性效应和整合的内在动力,也不利于通过区际分工与合作而获得整体大于部分之和的协同效应。

（3）利益共生原则。必须保证区际协同发展的成果能够共享，实现利益共生，达到互利共赢。区域间合作的最主要目的就是利益。市场经济的逐利性以及社会主义市场经济体制一定程度上的规范性，使区域之间一方面加强和发展外部联系，另一方面又逐渐成为以地区利益为导向的独立利益主体。每一个利益主体都为争取自身利益而相互竞争，随之而来就形成了多元的利益格局。不同利益主体的觉醒，使得他们的权利意识越来越清晰，由于不正当竞争而带来的分权行为必然触动原有的利益格局，相互之间的矛盾也会不断出现，这就需要构建完善的利益协调机制。

（4）协商共识原则。区域间能否达成有效的合作是建立在不同的利益主体与利益相关者达成共识的基础之上的。每个利益相关者都有自己的目标，要在合作的过程中满足每个利益主体的利益需求，这样才能有效地进行合作，推动体育产业区域协同发展。换而言之，体育产业发展有赖于多元主体的共同作用，包含市场和社会多方力量的参与，而多元的利益主体在合作的过程中难免会发生利益的纠纷，为此在协同发展过程中需要遵循一定的规则。通过对话与协商的方式灵活多样地解决纠纷，从而有效地发挥多元主体在体育公共事务中的作用，推动区域间合作的进一步发展和完善。区域间体育产业的协同发展离不开整体区域内不同的相关利益主体，只有各方利益相关者都能参与其中，才能推动体育产业区域协同发展。区域间的协同发展始终离不开各方利益相关者的协商与共识。这种协商不仅发生在决策之时，还贯穿合作的全过程，包括合作意愿的表达、合作中的讨价还价、合作协议的执行与监督、合作效果的评估等多个环节。在这个过程中，政府发挥着重要的作用，但还应建立一个除体育行政部门之外，并能够充分吸纳市场、居民和其他体育社会组织沟通与交流、参与决策的平台，通过横向与纵向互相联系的平台建立以协调解决各方的利益纠纷。每个利益主体在平等协商的基础之上共同参与，相互之间还可以取长补短，相互学习与交流，形成优势互补，发挥合作的协同效应。

（5）系统协调原则。长三角体育产业区域协同发展应遵循系统协调的原则，将整个长三角两省一市体育产业视为一个统一的大系统，而体育产业内各子行业均是处于大系统中不同层次的子系统，共同组成具有特定结构和功能的有机整体，进而按系统理论的整体性、联系性、有序性、动态性、调控性与最优性等基本原理来谋划体育产业区域协同发展。系统协调原则主要强调长三角各个地区间的整体性与不可分割性，强调两省一市各个区域内体育产业间的相互联系与作用，强调整个系统中资源、生产要素、信息等的流通与交换,体育产业内各子行业间的协调有序发展以促进产业结构升级优化,强调区域系统稳定和有序发展有赖于有效的调控方可实现。由此可见,长三角体育产业区域协同发展应遵循系统协调原则,以实现整个区域内体育产业协同发展。

7.2 长三角体育产业区域协同发展策略

长三角体育产业区域间的交流与合作正从低级无序向多领域、深层次、有序的状态发展,在这一动态变迁的过渡阶段,合理构建体育产业协同发展的机制至关重要,通过对系统内各构成要素及系统外部环境的支持和干预,以此加快长三角体育产业区域协同发展的步伐。

7.2.1 构建长三角体育产业区域协同发展的组织机构及运行机制

完善的沟通与协调机制是区域之间展开良性合作与竞争的基础,长三角区域间的体育产业协同发展过程中会出现摩擦、信息不对称等多种问题,这时建立专门的跨区域沟通与协调机制,能极大程度上了解彼此需求,寻求矛盾的解决办法,更好地促进产业合作。长三角两省一市的行政区条块分割的管理体制和以地方利益为重的情况下,特别需要有调控能力的协调机构。不同区域之间的有效合作,需有通畅的联系机制、组织协调机构和合理的组织协调机制。

(1)设立跨区域的体育产业协同发展组织机构,培育社会中介组织。长三角地区地域面积较大,城市间具有不尽相同的经济发展背景和体育产业发展特点。在当前行政区经济运行时期,产业之间的经济竞争愈演愈烈,利益冲突和矛盾纠纷愈演愈烈,区域协调与协作难以开展。事实证明,在这样的背景条件下,单依靠各种形式的"协调会议"是不能解决实际问题的,而设立一个专门的长三角区域体育产业协调与协作机构是解决问题的关键所在。建议成立职能化的组织协调机构,专门负责研究策划、统筹规划、联系沟通、指导实施、信息服务、政策法规咨询等方面的工作,推动和引导区际体育产业全方位、多层次和高效益的全面合作,并建立有效的组织运行机制。组织机构有两类:①设立体育产业行政部门"联合体",即在长三角两省一市的体育产业主管部门之间建立一个具有较高权威的、综合性机构——长三角体育产业协调管理部门,与原有的地方体育产业管理部门形成双层政府管理体制,上下层职能分工明确,长三角体育产业协调管理部门主要行使类似地方体育政府部门的综合职能，主要负责管理、运作超出单个城市政府行政辖区范围和界限的事项，协调地区之间的多种体育事务。②长三角各地设立松散的协调机构，即各城市间建立联合协会，主要是解决区域间难以统一行使基础建设、产业组织协调等跨界职能的状况，建立起负责跨界职能协调的一些非政府的松散的协调机构。这类机构规模较小，运作成本相对较低，也便于企业、体育社会组织乃至公众的参与和监督，但是由于松散机构的非政府属性，难以通过行政权力进行干预，为此该类机构可能更多地关注区域内产业发展的公共服务和共同利益。当前长三角体育产业区域协作和协调发展中，更多地倾向于体育休闲项目的开发推广、大型赛事的合作组织、大型群众体育健身活动的组织开展等方面，由于彼此间的合作基于共同的利益诉求和价值取向，通过协调机构的引导和市场机制的运作，能够发挥出良好的效果。但是，在体育企业整体发展、体育产业结构的调整和布局方面，由于受到行政区经济运行的影响，很难通过区域协调或者政府强力管制来实现。因此，各地体育行政部门基于对跨行政区域共同利益的追求以及体育产业协同发展的需要，在不影响宏观调控的前提下，自动让渡一部分权力给跨行政区的组织协调机构，确保该组织机构能够拥有适度的决策权力。组建有权力的组织机构并不意味着权力制约的放弃，协作三方需要就政府与该组织机构的权力制约与平衡问题进行研究、协调，根本目的在于确保真正实现区域间体育资源互补性的整合和共同发展。

（2）建立年度体育产业联合会议制度。由三地体育行政部门牵头，联合体育产业协同发展的各主体中的高端人才，召开体育产业协同发展的主题会议。主题会议不仅需要总结该年度长三角两省一市各个地区间的体育产业协同发展的状态及取得的成效，还要由各体育企业、高校（研究所）等高端人才和相关专家提出体育协同发展过程中存在的主要问题，并商讨解决对策。不同地区的相关企业可借此机会寻找有意向的合作伙伴。会议的议题还应涉及下一年度区域体育产业协同发展的目标，明确给出体育产业协同发展指导方案。

（3）搭建利益协调沟通平台。建立一个除体育行政部门之外，并能够充分吸纳市场、公民和其他体育社会组织沟通与交流、参与决策的平台。通过横向与纵向互相联系的沟通平台的建立，使体育行政部门、体育企业、体育社会组织等充分表达自己的利益诉求，以协调解决各方的利益纠纷。每个利益主体在平等协商的基础之上共同参与，相互之间还可以取长补短，相互学习与交流，形成优势互补，发挥合作的协同效应。

（4）构建组织机构的运行机制。利益共享框架下整体与局部利益的保障机制相当重要。跨行政区组织机构在权力分配上要注重"联合体"内部各行政主体利益的共享,因为区内各个行政单元在行政地位上是平等的,都有追求地区利益的潜在动机及经济行为的"合理性",如果协作区重大决策措施的制定及实施不能在尊重地区经济利益的基础上确保各个行政单元的利益共享,就会破坏协同发展的基础,不利于协作区的共同行动。而区域体育产业发展不均衡、体育相关产业之间差异显著,除社会历史原因影响外,其中最重要的原因就是市场机制在区域体育产业资源配置方面的作用没有充分显现,行政干预过多与地方保护主义等导致市场机制难以在区域之间发挥资源配置作用。区域体育产业之间在资源共享、信息交流方面存在"伪合作"现象,致使区域市场混乱、恶性竞争不断。推进区域体育产业协同发展,要消除地方保护主义,削减区域行政力量的过多干预,建立自由平等的区域体育产业市场秩序,促进物资流、信息流、人才流在区域体育产业协同系统中的自由流动与合理配置,实现区域间体育产业的平等合作、互惠共赢。针对跨行政区之间的"行政性"障碍,必须特别重视市场机制的作用,让市场机制有效地"冲击"产业协同发展中的"行政区藩篱",弱化行政界限对资源与要素配置的阻隔力量。要达到这些目的,就必须加快培养区域内统一的体育产品市场和要素市场,激活资本市场、信息市场、技术市场、人才市场等,必要时可建立跨行政界限的区域一体化大市场,打破地方保护主义,允许资源、资本、技术、信息、人才等自由流动。通过无差异的市场机制的积极引导作用,使制定的每一项决策措施的目标都能与体育产业发展的目标及企业参与区域协同发展的目标相一致,并符合现实的要求。

7.2.2 加强长三角体育产业区域的整体规划和规划的实施体系建设

区域体育产业协同发展是一种跨行政区的操作,在现有的行政管理体制和地方利益主义的约束条件下,区域体育产业的全局发展框架、各区域内体育产业的发展方向及各子行业的布局安排等方面,必须要有明确、指导性强并有一定约束力的行动方案。行动方案源于科学合理的规划,即在"超行政区"的范围内通盘考虑,进行统筹规划,并按协同发展条件对一些重点行业以及一些行政区内部的重点地区进行统筹规划;行动方案形成后,跨行政区组织协调机构、相关政府部门、各参与协同发展的行政区和有关专家学者等都应该成为主要的监督者,建立有效的监督体系,监督规划的实施。

7.2.3 构建长三角体育产业行业与企业的自组织协调机制

行业协会作为一个行业自律性组织,可以弥补政府和企业无法起到的作用或职能。跨行政区组建体育行业协会可突破行政地域界线,并赋予有助于体育产业区域协同发展的相应职能(如组织或引导区域内产业协调发展的职能),引导不同地区有关产业经营主体的联合、分工与合作,实现规模经营;推进区际的专业化分工协作,促使体育产业集群形成及其在地区上的合理布局;调节体育企业等市场经济活动主体的社会关系,为自己的服务对象创造良好的产业发展环境和条件,使之成为行业、体育社会组织与体育行政部门间沟通的桥梁和联结的纽带。加强和引导行业协会的建设,并通过其相应的自组织协调功能,可以推动区际体育产业与行业的联合与协同发展。

体育企业联盟的市场力量有利于打破行政界限和行政干预,合理安排其内部组织的空间结构。跨地区的体育企业联盟客观上可以起到跨地区协调的作用,成为一种客观存在的协调机制。经济学家迈克尔·波特认为,由纵向一体化产生的协同经济,是指当企业的产量达到有效的规模时,企业通过纵向一体化在生产、销售、购买等环节以及其他领域里获得的经济效益或费用节约。由此可见,通过垂直分工、内部控制和协调,同时通过建立跨区域体育企业联盟,广泛地推进体育企业内部化或者纵向一体化,能起到推动体育产业区际协同发展。在体育产业跨区域协同发展过程中,区际利益难以通过行政区的"行政性协调",生产要素的流动难以通过行政区的"行政性方法"解决时,跨区域体育企业联盟的建立及运作将会起到很大作用。通过建立跨区域体育企业联盟,充分发挥体育企业联盟的引领性、创新性、平台性的组织特征,促使区域内体育资源共享互动,可以推动长三角体育产业区际协同发展。

长三角体育产业区域协同发展还应鼓励区域间的自我协调。自我协调最大的好处在于,协调双方都是基于自身的实际情况需要,与对方达成自发自愿的协作与协调意向,这样,协调工作在开展中双方都会更加积极主动地努力推进协作与协调进程,以谋求双方利益的最大和共享,大大提高了协作效率,减少合作中矛盾冲突。同时,区域间的自我协调,还能够促进和带动地区间的沟通和交流,使区域在其他方面的协作与协调变得更加现实和顺畅。同时,建议在长三角各地体育行政部门自发与自我协调中,国家体育总局及相关政府部门应该积极引导和推动,甚至加以奖励和扶持,这可以推动和促进地区间自发协作与协调。

7.2.4 构建长三角体育产业区域内向协同发展的动力机制

各个区际的协同互动能够显著促进长三角体育产业的区域协同发展，即推进区域间体育产业协同发展能显著促进资源的有效配置、产业结构的优化。长三角区域体育产业协同运转尚在起步阶段，体育产业协同发展经验相对欠缺，建议借鉴国内外已有的区域协同发展为样本探索体制机制的创新，以指导体育产业的区域协同。强化长三角体育产业区域协同发展的内在机制，进行机制体制的创新，从制度上把握体育产业跨行政区划协同合作的突出问题与解决方法，从顶层设计上完善体育产业发展的政策体系，包含三个方面：（1）统一市场的建设，让市场机制在资源配置中起决定性作用。包括金融市场、土地要素市场、技术和信息市场、人才市场等统一市场的建设，减少要素流动障碍。（2）深化行政体制改革，推进政府职能转变，简政放权。进一步减少审批事项尤其是体育赛事方面，减少政府直接干预，避免功能过于集中。（3）加快公共服务改革。转变政府提供公共体育服务的方式，消除行业垄断，鼓励民间资本进入公共体育服务领域，实现公共体育服务方式的市场选择和成本收益的优化，辅以政府购买的方式，有效监管市场。

区域间体育产业的发展资源及要素均存在一定的差异，其区域协同发展的内在机制取决于不同的协同路径，如果是空间分离、优势互补、产业关联的区域宜选择"飞地合作路径"，构建整合机制、协调机制、利益共享机制及动力机制，并通过激发各区域参与"飞地合作"的积极性以及完善"飞地合作"顺利推进的制度保障来实现体育产业协同发展；如果是由优势互补的"中心"与"腹地"构成、交通条件较好的区域则选择"腹地协同路径"，构建联动机制、协调机制及整合机制，并通过强化全局规划以及重视中心—腹地的错位发展来实现体育产业协同发展；如果自然区划归属相同、地缘关系历史背景深厚的省际毗邻边缘区宜选择"毗邻地共生路径"，构建动力机制、组织机制、整合机制及共赢机制，并通过协调推进全域资源统筹规划以及多渠道强化协同成果共享来实现体育产业协同发展。区域体育产业协同按各区域的比较优势科学选择差异化的实现路径，有助于强化长三角体育产业区域协同效应。

7.2.5 创新长三角体育产业区域协同发展的绩效评估机制

为了鼓励和保证跨行政区的体育产业间的合作与协同发展，应该建立与完善绩效评估机制。效绩评估不仅仅指的是对区际合作事项的最终效绩评估,而且应转变效绩评估方式和内容,应当在合作中对各个主体的各项投入指标和最终所得效益成果进行评估,为下一次区际是否进行合作提供理论指导。虽然以体育产业地区生产总值的增长为基础的晋升激励可以调动体育行政部门管理人员发展体育产业的积极性,但是,十九大提出的"高质量发展"理念,将不再以体育产业地区生产总值为重点,而是资源的合理配置、产业结构的优化升级成为重点,那么区际体育产业的协同发展,统筹合理布局体育产业谋划全局发展应成为绩效考核的标准。绩效的评估机制应包含:(1)各地体育行政部门及官员是否具有开放发展、区际合作与同外界接轨的强烈意识和工作态度,其工作思路和方法是否适应开放发展和对外联合的要求;(2)各地体育行政部门及官员能否做到合理有效地处理整体与局部的关系问题,即在区域的分工协作网络中,是否能科学合理地把握自身所处的位置与自身角色应起的作用,以及为其他地区发展所做的配合与协作;(3)各地体育行政部门及官员在体育产业区域协同发展中,推动区域统一市场的形成、促进商品和要素自由流动所做的工作;(4)在发展速度与发展效益同步,经济效益与社会效益兼顾等方面,是否有合理有效的安排及应有的成效。

7.2.6 完善长三角体育产业区域协同发展的保障机制

政府的过度干预将制约体育产业区域协同发展,但是过度放权又可能导致体育市场的乱象,建议政府实施放管结合,多渠道推进制度的改革。"放管"中的"放"主要指的是"审批权","管"主要是指"监督权"。首先是深化行政审批制度改革。2000 年,体育总局进一步出台更加细化的《全国体育竞赛管理办法(试行)》。但很长一段时间以来,体育行政主管部门只会对赛事方收取不菲的审批费用,却并不提供实质性的服务,在某种程度上这是一种卖批文行为,属于"权力寻租",客观上形成了垄断,严重阻碍了社会力量办体育的热情。2014 年 9 月的国务院常务会议提出取消商业性和群众性体育赛事审批,最大限度为体育赛事松绑。随后,国务院印发《关于加快发展体育产业促进体育消费的若干意见》,进一步明文规定要简政放权、放管结合,取消商业性和群众性体育赛事审批。从某种意义上,从 1995 年正式施行的体育赛事审批制度到 2014 年取消体育赛事审批权,再到 2018 年出台的体育赛事监管意见,这种转变在一定程度上折射出了中国体育产业政策护航由粗放到集约、由单一的事先行政审批到全程监管服务的全面转型。此外,深化行政审批制度改革,实行投资项目管理负面清单制度,实行属地管理、即时备案、事后审核,实现备案证电子化;进一步削减各类生产许可证、经营许可证和资质认定,最大限度缩减政府审批范围,依法公开权力运行流程,确保清单之外无审批,将权力清单纳入监察范围,并建立与权力清单相应的干部考核、晋升标准,接受社会监督。其次,加强监管,建立健全监管机制以及联合惩戒制度,严格按照"谁审批、谁监管,谁主管、谁监管"的原则,全面推行跨部门联合检查和监管全覆盖,确保监管责任全落实、全覆盖,避免出现监管盲区和真空地带。体育赛事过去最大的问题就是只审批不监管,重审批轻监控,一些体育运动管理中心和协会只知拿审批的钱却压根不管监控的事,所以取消体育赛事审批权不是目的,取消审批权后加强赛中的监管和赛后的评估才是重点。2017年出台的《关于支持社会力量举办马拉松、自行车等大型群众性体育赛事行动方案》明确指出"加快制定赛事审批取消后的服务管理办法,研究建立多部门联合'一站式'服务机制",解决赛事审批权下放后管理的错位和失位现象。在政府购买公共体育服务等工作中,将企业及相关市场主体的违法、违规信息作为重要参考因素,对被列入经营异常名单或者严重违法经营主体依法予以限制或禁入,实施严格惩戒。

区域间体育市场的分割阻碍了协同驱动效应,资源空间再配置阻力较大,要素流动障碍凸显,尤其是运动员、教练员等高水平体育专业人才流动。建议破除资源配置的制度壁垒。当前,资本流动性相对较强,劳动力和土地要素流动则面临严重的制度壁垒。户籍制度的制约使流入上海的劳动力因难以获取本地户籍而始终被排斥在基本公共服务享有权利以外,限制了劳动力流入,又造成了初级劳动力供给短缺,同时区域间体育人才的流动受限。建议破除制度壁垒,在完善相关制度的进程中还应充分重视利益共享机制的构建,保障参与区域体育产业协同发展的各方利益。

完善长三角体育产业区域协同发展的保障机制要使地区间协作制度法制化。在我国"行政区经济"仍将长期运行的背景下,弱化地方政府的经济职能短期内不可能实现,地方政府利用行政权力干预和操控经济的行为也必将继续。长三角体育产业区域协同发展要想打破行政区划界限,实现区域协作与协同发展,必须制定相关法律,严格限定地方政府的行为边界及产业合作交往中必须遵循的原则,同时加快法律条文的建设,使地方政府在处理产业协同发展中的问题时做到有法可依。区域体育产业协同发展应从"对话性合作"向"制度性合作"转变,区域协作与协调应该通过签订具有约束性的双边和多边法律协定或行政协议来实现,区域之间可以据此形成一种正式的和稳定的合作关系。

8 主要结论

（1）通过对长三角两省一市的整体情况及对体育产业发展具有促进作用的经济情况进行深入分析，包括影响体育产业发展的社会经济、人文、政策以及区位、自然资源等，对两省一市的区位特征、资源禀赋、经济竞争实力进行分析，研究认为长三角体育产业具有良好的发展环境。长三角区域体育产业的总体特征主要表现为：体育产业规模不断增长，体育产业的经济贡献显现，体育产业结构渐趋合理。两省一市体育产业的发展特征表现为：上海市体育产业整体规模持续增长、产业结构日趋合理、供需市场逐步优化，江苏省体育产业整体规模快速增长、产业体系不断健全、产业影响力不断增强，浙江省体育产业整体规模逐步增长、业态不断丰富、体育市场供给增加；体育健身休闲业、体育竞赛表演业、体育场馆服务业、体育用品业等体育产业子行业也呈现一定的发展特征。

（2）长三角体育产业结构特征表现为：长三角地区体育产业各行业均呈现增长趋势，特别是体育用品业的增长优势尤为明显；从各行业的结构方面来看，结构基本合理，体育服务业的偏离值较高；从子行业对地区体育产业的作用效应来看，体育用品业对推动体育产业发展的效应相对较大，而体育服务业的效应还不够明显；从各子行业的竞争力来看，与全国同行业相比，竞争力强劲，尤其是体育用品业，此外体育服务业的竞争力也开始显现。长三角体育产业的主导产业可以选择体育休闲健身、体育竞赛表演、体育培训与教育、体育传媒与信息服务等体育服务业以及体育用品业。长三角体育产业模式："圈"—"域"型，上海、江苏和浙江为体育圈的三个枢纽，上海为中心区域，南京、杭州为腹地，苏州、无锡、常州、宁波、舟山等若干城市为周边，形成中心城市圈与腹地或周边城市的"极化—扩散"效应的内在联系圈域，运作体育圈内江苏、浙江、上海两省一市体育合作交流项目，实现体育产业的合理布局和有序发展。

（3）总结归纳了长三角体育产业区域协同发展中存在的议而未决或决而未行、缺乏有效的法律约束、缺乏宏观政策支持和制度创新三个问题。长三角体育产业区域协同发展的障碍要素包括行政区的刚性约束、产业结构趋同及发展模式存在差异、区域间竞争加剧、区域合作缺乏权威性和行政手段四个方面;形成长三角体育产业区域协同发展障碍的原因:从抽象角度来看包括需求偏好、机会主义倾向、利益关系、合作性关系、竞争性关系,从具体角度来看包括观念的不合理、主体不够多元、区际协调能力偏弱、利益机制不健全、制度上的缺陷等。

(4)长三角体育产业区域协同发展的基本要求是将区域内体育行政部门、体育市场组织、体育社会组织及公众等所有体育产业的行为主体视为复杂系统的要素,通过区域发展系统的自组织运转或者外部调控产生的涨落机制作用,使体育产业发展中的各要素相互联系、相互渗透、相互协调,实现区域之间及区域内部资源与要素的合理分配与优化整合,其目的是有效优化区域协同发展体系的整体功能,最终实现体育产业的局部最优与整体最优的最佳结合。根据区域体育产业发展战略及发展趋势要求,推动整个区域内资源和要素进行优化配置和合理流动,发挥区域各地方体育行政部门、体育产业行为主体的比较优势,扬长避短,实现区域资源优势与产业结构的最佳结合,设计"飞地合作路径""腹地协同路径""毗邻地共生路径"三个体育产业区域协同发展可选择路径,并阐述不同路径的实施条件及实现路径。

(5)体育产业发展趋势表明,政府间公共体育产品和公共体育服务的供给合作将会越来越多,体育企业间的合作将更加密切,依据长三角体育产业区域合作取得的已有经验,制定长三角体育产业区域协同发展策略还需要遵循相应的原则,建立和完善相关保障机制,采取有力的措施为区域间体育产业协同提供支持。依据理论指导原则、优势互补原则、利益共生原则、协商共识原则、系统协调原则,制定长三角体育产业区域协同发展策略:设立跨区域的体育产业协同发展组织机构,培育社会中介组织,建立年度体育产业联合会议制度,搭建利益协调沟通平台,构建组织机构的运行机制,构建长三角体育产业区域协同发展的组织机构及其运行机制;加强长三角体育产业区域的整体规划和规划的实施体系建设;构建长三角体育产业行业与企业的自组织协调机制;构建长三角体育产业区域内向协同发展的动力机制;创新长三角体育产业区域协同发展的绩效评估机制;完善长三角体育产业区域协同发展的保障机制。

参考文献

[1]Friedmann.J. A General Theory of Polarized Development, in N.M. Hansen, ed, Growth Centers in Regional Economic Development[M]. New York: The Free Press,1972.

[2][澳]罗伯特·J.斯廷森,罗杰·R.斯托,布莱恩·H.罗伯茨著.区域经济发展——分析与规划战略 [M]. 朱启贵译.上海:上海人民出版社,2012.12.

[3][美]威廉·G.谢泼德,乔安娜·M.谢泼德著.产业组织经济学(第五版)[M]. 张志奇等译.北京:中国人民大学出版社,2007.10.

[4]Boudeville, J.R.Problems of Regional Economic Planning[M]. EdinburghUniversityPress,1966.

[5]Donald V. McGranahan, Analysis of Socio—Economic Development Through a System of Indicators Annals of the American Academy of Political and Social Science, Social Information for Developing Countries,1971,1: 65-81.

[6]Hirschman, A.O, The Strategy of Economic Development[M], New Haven : Yale UniversityPress,1958.

[7]Noll, Heinz—Herbert. Social Indicators and Quality of Life Research: Background, Achievements and Current Trends, in Advances in Sociological Knowledge over Half a Century, edited by Nicolai Genov. Paris: International Social Science Council, 2002: 168-206.

[8]Perroux, F.1950. Economic Space: Theory and Application. Quarterly Journal of Economics 64, pp: 89-104.

[9]Stouffer, S.A. Intervening Opportunities: A Theory Relating Mobility to Distance. American Social Reviews,1940,5（6）: 845-867.

[10]United Nation Development Program, Human Development Report, New York: OxfordUniversity Press,1991.

[11]United States President's Research Committee on Social Trends, Recent Social Trends in the United States; Report of the President's

Research Committee on Social Trends. New York: McGraw—Hill Book Company, inc.1933.

[12]Venables, A.J.RegionalIntegrationAgreements:AForcefor Convergenceor Divergence?[D]. Policy Research Working Paper, World Bank, 1999.

[13] 安俊英,杨倩,黄海燕.基于灰色系统理论的我国体育产业结构预测研究 [J].天津体育学院学报,2017,32（5）:406-410.

[14] 白晋湘,李洪雄,张小林.基于协同学理论背景下湘湘体育文化发展与体育湘军成长研究 [J].成都体育学院学报,2013,39（5）:6-10.

[15] 鲍明晓.开放协作,互利共赢——协同发展两岸体育产业 [J].环球体育市场,2010（4）:53.

[16] 鲍明晓.我国体育产业发展的战略研究 [J].体育科研,2006,27（3）:1-8.

[17] 鲍晓明.体育产业——新的经济增长点 [M].北京:人民体育出版社,2000.

[18] 蔡宝家.区域休闲体育产业发展研究 [D].上海体育学院,2008.

[19] 蔡宝家.区域体育产业发展研究[J].体育科学研究,2013,17(4):9-15.

[20] 曹士云,白莉.长三角城市群休闲体育产业集群与区域经济社会协调发展研究 [J].城市观察,2010（6）:72-78.

[21] 曹晓东.打造长三角城市体育产业"链"的研究 [J].体育科研,2010,31（5）:54-58.

[22] 曾鸣.区域经济增长与体育产业发展相关性分析 [J].统计与决策,2010（20）:120-121.

[23] 巢旭,刘兵.基于结构方程模型的体育产业集群建构 [J].首都体育学院学报,2010,22（2）:1-4,8.

[24] 陈安琪,俞琳.国内三大都市圈体育产业协同竞合发展范式研究 [J].体育科研,2007,28（1）:15-18.

[25] 陈静飞,袁书娟,许晓峰.基于京津冀区域论述体育休闲业协同发展 [J].湖北体育科技,2016,35（10）:862-864+940.

[26] 陈葵.我国区域社会与区域体育协调发展机制研究 [D].湖南师范大学,2013.

[27] 陈林会.区域体育产业增长极培育研究 [D].南京师范大学博士学位论文,2012.5.

[28] 陈林祥.我国体育产业结构与产业布局政策选择的研究[J].体育科学,2007（3）：75-82.

[29] 陈瑞莲,杨爱平.从区域公共管理到区域治理研究：历史的转型[J].南开学报（哲学社会科学版）,2012（2）：48-57.

[30] 陈彦旭.古诺模型在区域产业协调发展中的应用[J].经济论坛,2008（8）：7-8,23.

[31] 程慎玲.对长江三角洲体育休闲市场一体化及协同发展的研究[J].北京体育大学学报,2010,33（5）：30-33.

[32] 丛冬梅.我国东部区域体育事业发展优势与发展战略分析[J].体育与科学,2013,34（4）：74-78.

[33] 丛湖平,唐小波."长三角"地区体育产业一体化发展研究[J].中国体育科技,2004,40（3）：1-3.

[34] 丛湖平.试论体育产业结构及产业化特征[J].浙江大学学报（人文社会科学版）,2000（4）：154-158.

[35] 丛湖平.体育产业若干界说的辨析及相关问题的讨论[J].中国体育科技,2001,37（12）：2-4,10.

[36] 崔文杰.大珠三角区域体育产业协调发展研究[J].山西体育科技,2011,31（4）：57-59.

[37] 丁煌,叶汉雄.论跨域治理多元主体间伙伴关系的构建[J].南京社会科学,2013（1）：63-70.

[38] 方春妮,刘勇.区域体育产业集群发展研究[J].体育文化导刊,2012（6）：97-101.

[39] 冯建强,陈元香.影响中国体育产业结构演进的制度因素分析[J].生产力研究,2013（10）：137-139.

[40] 冯文.京津冀体育产业合作发展研究[D].首都体育学院,2012.

[41] 弗朗索瓦,佩鲁著.新发现观[M].张宁等译.北京：华夏出版社,1987：1-3.

[42] 高丽娜,宋慧勇.新常态背景下区域协调发展机制创新[J].技术经济与管理研究,2017（7）：108-112.

[43] 高雪梅,郝小刚.长三角体育产业发展研究[J].体育文化导刊,2014（10）：130-133.

[44] 高雪梅.长三角体育产业发展的经济与政治环境研究[J].四川体育科学,2011（9）：25-28.

[45] 谷健.京津冀区域产业协同发展研究[D].河北大学经济学硕士学位论文,2012.6：28-31.

[46] 顾祎晛. 协同创新的理论模式及区域经济协同发展分析 [J]. 理论探讨, 2013（5）: 95-98.

[47] 郭炳德. 体育产业概念理解及分类的研究 [J]. 山西师大体育学院学报, 2004, 19（2）: 19-20.

[48] 郭荣娟, 苏志伟. 中国体育产业结构升级影响失业率的机制分析与经验研究 [J]. 中国海洋大学学报（社会科学版）, 2017（4）: 51-57.

[49] 韩佳. 长江三角洲区域经济一体化发展研究 [D]. 华东师范大学博士学位论文, 2008.5.

[50] 韩兆洲. 区域经济协调发展统计测度研究 [D]. 厦门大学博士学位论文, 2000.9.

[51] 何静, 徐福缘. SDN 的复杂性及其协同发展的一般理论 [J]. 软科学, 2004（1）: 6-8+12.

[52] 何胜保. "京津冀都市圈" 体育产业结构演化与经济增长的耦合关联研究 [J]. 首都体育学院学报, 2016, 28（1）: 18-22+27.

[53] 何喜军, 魏国丹, 张婷婷. 区域要素禀赋与制造业协同发展度评价与实证研究 [J]. 中国软科学, 2016（12）: 163-171.

[54] 赫希曼·哈肯著. 协同学——大自然构成的奥秘 [M]. 凌复华译. 上海: 上海译文出版社, 2001: 21-37.

[55] 胡忠俊, 姜翔程, 刘蕾. 区域经济社会发展综合评价指标体系的构建 [J]. 统计与决策, 2008, 20（272）: 17-19.

[56] 黄海燕, 杨丽丽. 我国体育产业结构的综合定量与优化分析 [J]. 体育科学, 2011, 31（11）: 3-11.

[57] 黄海燕. 我国体育产业结构评价与优化对策 [J]. 武汉体育学院学报, 2014, 48（4）: 27-30+37.

[58] 黄海燕. 我国体育产业结构优化的原则、目标与实施路径 [J]. 体育科研, 2012, 33（4）: 35-39.

[59] 黄祖辉, 刘慧波, 邵峰. 城乡区域协同发展的理论与实践 [J]. 社会科学战线, 2008（8）: 71-78.

[60] 霍华德, 克朗普顿. 体育财务 [M]. 北京: 清华大学出版社, 2007.

[61] 姬兆亮. 区域政府协同治理研究 [D]. 上海交通大学, 2012.

[62] 季成. 长三角服务外包产业的区域协同发展研究 [J]. 科技与经济, 2016, 29（4）: 96-100.

[63] 蒋金鑫. 区域体育产业发展系统动力学模型仿真研究 [D]. 淮北师范大学, 2016.

[64] 蒋清海.区域经济发展的若干理论问题 [J].财经问题研究,1995（6）:49-54.

[65] 金铸.区域经济一体化和"大北京"发展问题研究 [J].城市开发,2003（10）:22-25.

[66] 孔朝晖.中国体育产业结构现状及优化策略研究 [J].经济研究导刊,2017（13）:33-34.

[67] 寇大伟.我国区域协调机制的四种类型——基于府际关系视角的分析 [J].技术经济与管理研究,2015（4）:99-103.

[68] 雷涛.全民健身与体育产业协同发展:理论逻辑与实践路径 [J].西安体育学院学报,2017,34（6）:664-669.

[69] 冷志明,中国省区交界地域经济协同发展研究 [J].开发研究,2005（4）:74-77.

[70] 冷志明.中国省际毗邻地区经济合作与协同发展的理论基础及运行机制研究 [J].科学经济社会,2007（2）:25-29.

[71] 黎鹏.区域经济协同发展及其理论依据与实施途径 [J].地理与地理信息科学,2005,21（4）:51-55.

[72] 李琳,杨捷,等.区域体育产业可持续发展评价指标体系研究 [J].北京体育大学学报,2010,33（9）:26-29.

[73] 李柏洲,薛凌.产业共生与资源型城市协同发展 [J].求索,2008（5）:5-7.

[74] 李国,孙庆祝.共生共荣:区域体育产业共生发展机制研究 [J].武汉体育学院学报,2012,46（9）:50-54.

[75] 李国强,章碧玉,赵猛.我国区域经济、体育产业和群众体育综合协调发展研究 [J].天津体育学院学报,2015,30（1）:87-92.

[76] 李海东,王帅,刘阳.基于灰色关联理论和距离协同模型的区域协同发展评价方法及实证 [J].系统工程理论与实践,2014,34（7）:1749-1755.

[77] 李蕾.长三角地区制造业的转型升级以及地区专业化与协同发展研究——基于长三角与京津冀比较的实证分析 [J].上海经济研究,2016（4）:90-99.

[78] 李琳,刘莹.中国区域经济协同发展的驱动因素——基于哈肯模型的分阶段实证研究 [J].地理研究,2014,33（9）:1603-1616.

[79] 李琳,曾巍.地理邻近、认知邻近对省际边界区域经济协同发展影响机制研究——基于对中三角、长三角省际边界区域的实证 [J].华东经济管理,2016,30（5）:1-8+193.

[80] 李琳,刘莹.区域经济协同发展的驱动机制探析 [J].当代经济研究,2015（5）:67-73.

[81] 李琳,杨婕,杨田,徐烈辉.区域体育产业可持续发展评价指标体系研究 [J].北京体育大学学报,2010,33（9）:26-29.

[82] 李琳.区域经济协同发展:动态评估、驱动机制及模式选择 [M].北京:社会科学文献出版社,2016.

[83] 李新德,徐阳.基于 SSM 和区位熵分析法的华东地区体育产业结构研究 [J].福建体育科技,2013,32（3）:1-2+9.

[84] 李雪铭,李婉娜.1990 年以来大连城市人居环境与经济协调发展定量分析 [J].经济地理,2005（3）.

[85] 李亚慰,李建设.长三角地区体育主导产业结构测算、模型构建与发展预测研究 [J].中国体育科技,2015,51（6）:17-25+82.

[86] 李亚慰.区域体育经济产业布局与结构研究 [D].苏州大学,2014.

[87] 李燕,骆秉全.京津冀全域体育旅游产业布局及协同发展路径研究 [J].中国体育科技,2017,53（6）:47-53+70.

[88] 李燕,孙志宏,胡海涛.可持续发展视角下城乡体育协同发展制度性研究 [J].广州体育学院学报,2016,36（4）:16-19.

[89] 李燕.京津冀地区体育公共服务分层供给的路径与措施 [J].天津体育学院学报,2016,31（3）:247-251+258.

[90] 李长晏,詹立锦.中台湾区域发展之协调机制 [M].台北:五南图书出版公司,2006.

[91] 李中东.区域经济学 [M].北京:经济管理出版社,2012.3.

[92] 梁桂全,游霭琼.差异·互补·共赢——泛珠三角区域合作的基础与趋势 [J].广东社会科学,2005（1）:27-34.

[93] 林玲,彭连清.体育产业结构的发展演变:理论与实证分析 [J].成都体育学院学报,2004（4）:7-11.

[94] 林水波,李长晏.跨域治理 [M].台北:五南图书出版公司,2005:3.

[95] 刘兵,董春华.体育产业集群形成与区域发展关系研究 [J].体育科学,2010,30（2）:48-54.

[96] 刘兵.基于结构范式的区域体育产业竞争力评价模型探讨 [J].成都体育学院学报,2010,36（4）:6-10.

[97] 刘秉镰,杜传忠.区域产业经济概论 [M].北京:经济科学出版社,2010.12.

[98] 刘常林,周毅.基于生态位理论的我国部分省市体育产业结构特征研究 [J].天津体育学院学报,2012,27（6）：540-544.

[99] 刘建刚.略论体育产业发展的战略地位 [J].中国体育科技,1999（7）：12-14.

[100] 刘普,李雪松.外部性、区域关联效应与区域协调机制 [J].经济学动态,2009（3）：68-71.

[101] 刘清早,王荣朴,孙胜男.体育事业与体育产业的相关关系辨析 [J].中国体育科技,2008（3）：16-20.

[102] 刘英基.中国区域经济协同发展的机理、问题及对策分析——基于复杂系统理论的视角 [J].理论月刊,2012（3）：126-129.

[103] 刘远祥,孙冰川,韩炜.促进体育产业结构优化的政策研究 [J].山东体育学院学报,2017,33（1）：1-5.

[104] 刘再兴,蒋清海,候景新.区域经济理论与方法 [M].北京：中国物价出版社,1996.

[105] 柳伯力.体育产业理论辨析 [J].成都体育学院学报,2001,27（5）：36-39.

[106] 卢方群,黄伟.体育产业集群形成与区域产业结构与布局研究 [J].体育科技,2016,37（6）：95-96.

[107] 卢金逵,倪刚,熊建萍.区域体育产业竞争力评级与实证研究 [J].体育科学,2009,29（6）：28-38.

[108] 卢亚,张大超.发达国家国内体育生产总值统计指标对比及启示 [J].首都体育学院学报,2016,28（5）：392-401.

[109] 卢元镇,郭云鹏,费琪,等.体育产业的基本理论问题研究 [J].体育学刊,2001（1）：41-44.

[110] 罗建英,丛湖平.长三角地区体育产业发展的要素比较研究 [J].体育与科学,2005,26（3）：46-48,51.

[111] 罗建英.论区域体育产业核心竞争力的要素及特征 [J].浙江体育科学,2007,29（5）：14-16,22.

[112] 罗捷茹.产业联动的跨区域协调机制研究 [D].兰州大学,2014.

[113] 骆雷.体育强国建设中我国竞赛表演业政策研究 [D].上海体育学院,2013.

[114] 吕政.对"十一五"时期我国工业发展若干问题的探讨 [J].中国工业经济,2004（11）：5-10.

[115] 马奔.危机管理中跨界治理的检视与改革之道：以汶川大地震为例 [J].清华大学学报（哲学社会科学版）,2009（3）：147-152+160.

[116] 马道强,许凤洪.京津冀体育协同发展研究[J].体育文化导刊,2015（11）:1-4.

[117] 马红玲,毛苏林,杨升平.区域体育产业发展分析模型及其应用[J].体育文化导刊,2015（9）:134-138+143.

[118] 蒙少东.区域经济协调发展研究[D].天津大学博士学位论文,2004.06:28-47.

[119] 穆东,杜志平.资源型区域协同发展评价研究[J].中国软科学,2005（5）:106-113

[120] 庞小欢.长三角产业结构优化研究[D].江苏大学硕士学位论文,2009.12.

[121] 彭荣胜.区域协调与先发地区经济持续发展研究[J].商业研究,2007（10）:18-23.

[122] 钱亦杨,谢守详.长三角大都市圈协同发展的战略思考[J].华东经济管理,2004（4）:4-7.

[123] 乔峰.共生理论视角下竞技体育与大众体育协同发展研究[J].南京体育学院学报(社会科学版),2017,31（1）:79-84.

[124] 任波,戴俊,徐磊.我国体育产业结构优化研究——基于中美比较的借鉴与启示[J].沈阳体育学院学报,2017,36（3）:34-38+54.

[125] 施祖辉.社会发展指标体系研究——历史变迁与现实思考[J].宏观经济管理,1997（9）:4.

[126] 世界环境与发展委员会.我们共同的未来[M].北京:世界知识出版社,1989:2-5.

[127] 宋昱.中国体育产业的集聚与集群化发展研究[D].南京师范大学,2011.05.

[128] 宋立楠.京津冀产业协同发展研究[D].中共中央党校,2017.

[129] 粟路军,柴晓敏.区域旅游协同发展及其模式与实现路径研究[J].北京第二外国语学院学报(旅游版),2006（7）:19-24.

[130] 孙班军,薛智.体育产业治理研究[J].河北体育学院学报,2006（3）:1-3.

[131] 孙班军,朱燕空,邢帅,赵晨,赵金娃.体育产业及其治理的概念框架与治理边界探讨[J].北京体育大学学报,2008（8）:1009-1012.

[132] 孙东杰.山东省体育产业集群发展策略研究[D].中国矿业大学,2016.

[133] 孙久文.区域经济学(修订第二版)[M].北京:首都经济贸易大学出版社,2010.1.

[134] 孙利军.从国外体育商业化看体育的经济因素和商业价值 [J].山东体育学院学报,1996（2）:20.

[135] 孙素玲.区域体育产业潜力评价指标体系及实证研究 [D].上海体育学院,2016.

[136] 孙彦明.京津冀产业协同发展的路径及对策 [J].宏观经济管理,2017（9）:64-69.

[137] 孙艳芳.南京都市圈体育旅游协同发展研究 [D].南京体育学院,2016.

[138] 覃成林.区域协调发展机制体系研究 [J].经济学家,2011（4）:63-70.

[139] 陶文渊.我国东部省份体育产业的行业结构布局研究 [D].宁波大学,2012.

[140] 田轶,章思琪.我国区域体育发展战略研究回顾及发展趋势 [J].体育文化导刊,2011（5）:6-9.

[141] 王传民.县域经济产业协同发展研究 [D].北京交通大学博士学位论文,2006.9:35-72.

[142] 王飞.区域体育产业协调发展中地方政府职能转变探析 [J].沈阳体育学院学报,2013,32（6）:6-8+29.

[143] 王国勇,王宪忠.体育产业发展的系统协调评价模型及其实证研究 [J].沈阳体育学院学报,2010,29（2）:56-59.

[144] 王佳宁,罗重谱.新时代中国区域协调发展战略论纲 [J].改革,2017（12）:52-67.

[145] 王建基,高涛,刘旭东.区域体育产业发展进程中的文化启示——以美国南佛罗里达州产业变迁史为例 [J].上海体育学院学报,2013,37（2）:25-29.

[146] 王巾,马章良.长三角地区产业技术创新联盟区域协同发展研究 [J].科技与经济,2016,29（2）:31-35.

[147] 王俊杰.长三角地区产业结构趋同与地方政府行为分析 [D].湖南大学硕士学位论文,2006.9.

[148] 王磊."环太湖体育圈"城市假日体育基本特征与发展路径的研究 [D].苏州大学,2016.

[149] 王力年,滕福星.论区域经济系统协同发展的关键环节及推进原则 [J].工业技术经济,2012,31（2）:13-18.

[150] 王力年.区域经济系统协同发展理论研究 [D].东北师范大学,2012.

[151] 王宁宁,于海娟.论区域经济背景下我国体育产业的协同发展 [J]. 山西师大体育学院学报,2009,24（3）:21-24.

[152] 王庆金,马伟.区域协同创新平台系统建设研究 [J]. 财经问题研究,2017（12）:110-116.

[153] 王松.我国区域创新主体协同研究 [D]. 武汉理工大学,2013.

[154] 王维国.协调发展的理论与方法研究 [M]. 北京:中国财政经济出版社,2000.

[155] 王兴明.产业发展的协同体系分析——基于集成的观点 [J]. 经济体制改革,2013（5）:102-105.

[156] 王雪莹.基于协同理论的京津冀协同发展机制研究 [D]. 首都经济贸易大学,2016.

[157] 王艳,张贵敏.区域优势体育产业选择的基本依据——基于因子分析法的体育产业发展条件研究 [J]. 山东体育学院学报,2011,27(9):11-14.

[158] 王艳.我国区域优势体育产业选择与培育发展研究 [D]. 上海体育学院,2011.

[159] 王玉珍.中国体育旅游产业竞争力研究 [D]. 北京体育大学,2013.

[160] 王玉柱.区域协同发展战略下产业结构调整问题研究 [J]. 理论学刊,2014（9）:59-63.

[161] 魏丽华.城市群协同发展的内在因素比较:京津冀与长三角 [J]. 改革,2017（7）:86-96.

[162] 温阳,余方亮,于文兵.长三角体育赛事区域发展现状和趋势研究 [J]. 南京体育学院学报(社会科学版),2016,30（1）:60-67.

[163] 薛文标.闽台体育产业协同发展的机制研究 [J]. 体育成人教育学刊,2012,28（6）:47-47.

[164] 薛艳杰,王振.长三角城市群协同发展研究 [J]. 社会科学,2016（5）:50-58.

[165] 严建援,甄杰,董坤祥,杨银厂.区域协同发展下创新资源集聚路径和模式研究——以天津市为例 [J]. 华东经济管理,2016,30（7）:1-7+193.

[166] 杨德云.体育产业研究进展述评 [J]. 市场论坛,2007,34（1）:92.

[167] 杨逢银.行政分权、县际竞争与跨区域治理 [D]. 浙江大学,2015.

[168] 杨岚凯,周阳.国外发达国家休闲体育产业发展及启示 [J]. 理论与改革,2017（3）: 138-145.

[169] 杨磊,时传霞.休闲体育产业的经济效应和演进规律 [J]. 山东体育学院学报,2017,33（4）: 20-25.

[170] 杨美芬.试论体育运动与经济发展的互动策略 [J]. 体育与科学,1998（6）: 32-34.

[171] 杨倩.基于统计数据的我国体育产业结构及其效益分析 [J]. 天津体育学院学报,2012,27（1）: 27-30.

[172] 杨倩.我国体育产业结构优化的灰色关联分析 [J]. 上海体育学院学报,2011,35（6）: 23-27+36.

[173] 杨铁黎,等.论北京市体育产业发展战略 [J]. 首都体育学院学报,2010,22（2）: 22-26,29.

[174] 杨玉珍.区域 EEES 耦合系统演化机理与协同发展研究 [D]. 天津大学,2011.

[175] 姚利松.基于协同创新视角下区域经济建设对体育用品制造业集群发展影响的研究 [D]. 山东体育学院,2015.

[176] 尹小俭,杨剑.区域体育产业发展的外部环境比较研究 [J]. 成都体育学院学报,2009,35（11）: 6-9.

[177] 余丹.区域群众体育与经济协调发展评价研究 [D]. 武汉体育学院,2012.

[178] 余海鹏.区域共同发展的理论与实践 [M]. 北京: 社会科学出版社,2009.9.

[179] 余丽华.经济发展对体育的影响 [J]. 北京体育大学学报,1997（3）: 11-12.

[180] 余守文.体育赛事产业对城市竞争力的影响 [D]. 复旦大学,2007.

[181] 余志勇.红三角区域旅游发展协同论 [J]. 特区经济,2005（3）.

[182] 俞琳.我国三大都市圈区域体育产业发展环境论——以上海市为个案分析体育产业发展环境影响因素 [J]. 体育科学,2007,27（7）: 86-95.

[183] 俞继英,鲍明晓,戴健,等.我国体育产业发展战略研究 [J]. 中国体育科技,2002,38（3）: 3-6.

[184] 虞重干,刘志民,李志清."长三角体育圈"竞技体育现状及发展对策 [J]. 上海体育学院学报,2004,28（6）: 5-8,15.

[185] 岳子云.城市居民体育消费增长机理及区域经济发展研究 [D].

西安体育学院, 2014.

[186] 张林, 等. 我国体育产业未来 5 年发展构想与展望 [J]. 体育科学, 2006, 26 (7): 13-19.

[187] 张林, 何先余. 长三角地区体育产业经营人才一体化培养策略 [J]. 体育科研, 2004, 25 (1): 1-4.

[188] 张岩, 梁晓龙. 体育经济问题若干理论观点的综述 [J]. 成都体育学院学报, 1996, 22 (2): 6-10, 14.

[189] 张岩. 体育产业概念的三种涵义及其运用范围 [J]. 体育文化导刊, 2001 (9): 23-24.

[190] 张佰瑞. 我国区域协调发展度的评价研究 [J]. 工业技术经济, 2007 (9).

[191] 张邦俊. 长江三角洲城市群协同发展模式研究 [D]. 浙江财经大学, 2017.

[192] 张贵敏, 王艳. 我国区域体育产业的基本定位——基于区域体育产业协调发展的视角 [J]. 沈阳体育学院学报, 2011, 30 (3): 3-7.

[193] 张颢瀚. 长江三角洲一体化进程研究 [M]. 北京: 社会科学文献出版社, 2007.11.

[194] 张杰, 郑若愚. 京津冀产业协同发展中的多重困局与改革取向 [J]. 中共中央党校学报, 2017, 21 (4): 37-48.

[195] 张紧跟. 从区域行政到区域治理: 当代中国区域经济一体化的发展路向 [J]. 学术研究, 2009 (9): 42-49+159.

[196] 张京祥. 城市与区域管治及其在中国的研究和应用 [J]. 城市问题, 2000 (6): 40-44.

[197] 张莉莉. 区域体育产业发展的比较研究 [J]. 人民论坛, 2010 (23): 172-173.

[198] 张庆杰, 申兵, 汪阳红, 等. 推动区域协调发展的管理体制及机制研究 [J]. 宏观经济研究, 2009 (7): 9-19.

[199] 张瑞林. 体育产业管理协同创新 [J]. 北京体育大学学报, 2012, 35 (10): 1-5.

[200] 张世威. 基于区域"增长极"理论的我国体育产业发展战略思考 [J]. 北京体育大学学报, 2010, 33 (7): 12-16.

[201] 张维. 休闲产业集群与区域竞争力提升: 理论与实证研究 [D]. 浙江工商大学, 2007.

[202] 张文健, 蒋蓓蓓, 洪四海, 牛春来. 我国体育产业结构政策导向研究 [J]. 成都体育学院学报, 2012, 38 (9): 8-11.

[203] 张秀芬,冯中越.空间经济学视角下京津冀协同发展互动机制的构建 [J].理论与现代化,2016（6）:29-36.

[204] 张玉臣.长三角区域协同创新研究 [M].北京:化工工业出版社,2009.6.

[205] 张争鸣.《体育结构学》研究的若干理论与方法 [J].贵州体育科技,1995（3）:4-6.

[206] 章成林.区域协调发展机制体系研究 [J].经济学家,2011（4）:63-70.

[207] 赵炳璞,蔡俊五,李力研,等.体育产业政策体系研究 [J].体育科学,1997（4）:1-7.

[208] 赵继明.我国体育产业结构优化的战略选择 [J].统计与决策,2010（4）:149-150.

[209] 赵磊.泛珠三角区域合作机制创新研究 [D].兰州大学,2017.

[210] 赵娴,杨静.京津冀流通业协同发展水平测度与协同路径研究 [J].经济与管理研究,2017,38（12）:24-32.

[211] 郑芳,丛湖平.体育产业若干理论问题之辨析 [J].浙江体育科学,1999,21（4）:24-27.

[212] 郑志华.我国区域体育研究的回顾与前瞻 [D].湖南师范大学,2011.

[213] 中国体育科学学会体育产业分会.中国体育及相关产业统计 [M].北京:人民体育出版社,2011.12:3.

[214] 周洪珍,刘小丽等.体育产业与国民经济发展的研究 [J].体育科学,2000（8）:144-146.

[215] 周建梅.区域经济发展与体育人才培养 [D].北京体育大学,2004.

[216] 周良君,等.广东沿海区域体育产业发展研究 [J].体育文化导刊,2009（12）:69-72.

[217] 周绍杰,王有强,殷存毅.区域经济协调发展:功能界定与机制分析 [J].清华大学学报（哲学社会科学版）,2010（2）:141-148.

[218] 周小洪,曹缔训,杨永德,吴国璋,梁纪,李明.体育产业结构政策初探 [J].武汉体育学院学报,1994（1）:14-18.

[219] 周毅,刘常林.基于生态位态势理论的我国区域体育产业发展特征研究 [J].体育科学,2013,33（11）:52-57+65.

[220] 周振华.论产业结构分析的基本理论框架 [J].中国经济问题,1990（1）:1-8.

[221]朱金海.论长江三角洲区域经济一体化[J].社会科学,1995(2):11-15.

[222]朱俊成,宋成舜,张敏,黄莉敏,汤进华.长三角地区多中心共生机理、结构与模式研究[J].经济体制改革,2011（3）:39-44.

[223]朱俊成.基于共生理论的区域多中心协同发展研究[J].经济地理,2010,30（8）:1272-1277.

[224]朱俊成.长三角地区多中心及其共生与协同发展研究[J].公共管理学报,2010,7（4）:39-48+124.

[225]邹师,李安娜.区域体育发展差异与其战略选择——基于政府职能转型的视角[J].成都体育学院学报,2012,38（1）:7-12